GRŠKI: VSEDNEVNI RECEPTI Z GRŠKIMI KORENINAMI

Okusite esenco grške kuhinje s 100 recepti

Anica Petek

Avtorski material ©2024

Vse pravice pridržane

Nobenega dela te knjige ni dovoljeno uporabljati ali prenašati v kakršni koli obliki ali na kakršen koli način brez ustreznega pisnega soglasja založnika in lastnika avtorskih pravic, razen kratkih citatov, uporabljenih v recenziji. Ta knjiga se ne sme obravnavati kot nadomestilo za zdravniški, pravni ali drug strokovni nasvet.

KAZALO

KAZALO 3
UVOD 6
GRŠKI ZAJTRK 7
   1. Grška omletna enolončnica 8
   2. Grška sirna pita z orehi in medom 10
   3. Sredozemska skleda za zajtrk 12
   4. Grški toast z avokadom 14
   5. Polnozrnati toast z avokadom in jajci 16
   6. Grška umešana jajca 18
   7. Grška ocvrta jajca s krompirjem in feto 20
   8. Grški kruhovi obročki s sezamom 22
   9. Grški zajtrk Ladenia 24
   10. Rižev puding za grški zajtrk (Rizogalo) 26
   11. Jajčni mafini za grški zajtrk 28
   12. Jajčna ponev za grški zajtrk z zelenjavo in feto 30
   13. Pitas za grški zajtrk 32
   14. Parfe z grškim jogurtom 34
   15. Mediteranska omleta 36
   16. Zavitek za zajtrk s špinačo in feto 38
GRŠKI PRIGRIZKI 40
   17. Grški Tzatziki Dip 41
   18. Grški ocvrti sir 43
   19. Grški krompirček 45
   20. Grška Feta Dip 47
   21. Mediteranska sadna solata 49
   22. Kalamari z rožmarinom in čilijevim oljem 51
   23. Grški jajčevci Dip 53
   24. Grški spomladanski zavitki Spanakopita 55
   25. Grške vrtnice za tortilje 57
   26. Grški polnjeni kumarični grižljaji 59
   27. Crisp začinjen krompir 61
   28. Grška solata Cracker 63
   29. Grški grižljaji pita kruha 65
   30. Grške kroglice iz buč (Kolokithokeftedes) 67
   31. Energijski grižljaji baklave 69
   32. S kozica gambas 71
   33. Sredozemsko navdahnjena mešanica poti 73
   34. Datlji in pistacijevi grižljaji 75
   35. Jajčevci z medom 77
GRŠKO KOSILO 79

36. Grški klasični limonin krompir 80
37. Grška Sala d 82
38. Grški piščančji giros 84
39. Grške mesne kroglice 86
40. Grške polnjene paprike 88
41. Grška fižolova juha 90
42. Grški pražen stročji fižol 92
43. Grška juha iz leče 94
44. Grška juha iz čičerike 96
45. grški souvlaki 98
46. Grška lazanja (musaka) z govedino in jajčevci 100
47. Sredozemska solata iz čičerike 102
48. Limonin zeliščni piščanec s kvinojo in breskvijo 104
49. Grški solatni zavitek 106
50. Mediteranska solata iz kvinoje 108
51. Sredozemska solata s tuno in belim fižolom 110
52. Lignji in riž 112

GRŠKA VEČERJA 114
53. Grški polnjeni grozdni listi 115
54. Grški pečen orzo 117
55. Grška Spanakopita 119
56. Grške pite s sirom (Tiropita) 122
57. Grški počasi kuhani jagnječji giros 124
58. Grške jagnjetine polnjene bučke 126
59. Grška jagnjetina Kleftiko 128
60. Začinjeni jagnječji kotleti z dimljenimi jajčevci 130
61. Grški aborigini in jagnjetina 132
62. Grška zelena solata z marinirano feto 134
63. Grške jagnjetine pitas 136
64. Mediteranski pečeni losos 138
65. Mediteranska kvinoja polnjena paprika 140
66. Mediteranska enolončnica iz leče in zelenjave 142
67. Zelenjava na žaru in Halloumi nabodala 144
68. Mediteranska prepražena kozica in špinača 146

GRŠKA VEGETARIJANSKA 148
69. Grški Jackfruit Gyros 149
70. grška veganska skordalija 151
71. Grška orzo testeninska solata z vegansko feto 153
72. Gyros iz grške čičerike 155
73. Grška vegetarijanska musaka 157
74. Grške pečene bučke in krompir 159
75. Grški vegetarijanski riž 161
76. Grški Gigantes Plaki 163

77. Grški paradižnikovi ocvrti 165
78. Grški čičerikini ocvrti 167
79. Grška enolončnica iz belega fižola 169
80. Grška vegetarijanka Bamie s 171
81. Grške zelenjavne sklede na žaru 173
82. Zelenjavne kroglice s tahinijevo limonino omako 175
83. Grška pečena zelenjava 177
84. Grški A ube igine in paradižnikova enolončnica 179
85. grški avokado tartine 181
86. Grški špinačni riž 183
87. Grška juha Avgolemono 185
88. Grške zelenjavne pitas 187

GRŠKA SLADICA 189
89. Grški masleni piškoti 190
90. Grški medeni piškot s 192
91. grška orehova torta 194
92. grška baklava 196
93. Sladka ananasova krema 198
94. Grška pomarančna torta 200
95. Grški krofi (Loukoumades) 202
96. Grški puding z mlečno kremo 204
97. Pecivo z grškim mandljevim sirupom 206
98. Grško pecivo z mandlji 208
99. Grška baklava iz cvetov pomarančevca a 210
100. Grška baklava z medom in rožno vodo 212

ZAKLJUČEK 214

UVOD

Vstopite v s soncem obsijani svet sredozemskih okusov in sprejmite bistvo grške kuhinje z "GRŠKI: VSEDNEVNI RECEPTI Z GRŠKIMI KORENINAMI." Na tem kulinaričnem popotovanju vas vabimo, da uživate v bogati paleti okusov, ki opredeljujejo grško hrano – izvrstni spoj tradicije, svežine in živahnega duha Egejskega morja. Ta kuharska knjiga s 100 skrbno izbranimi recepti slavi umetnost kuhanja doma in vam omogoča, da toplino grške kuhinje prenesete v svojo.

Predstavljajte si modre vode Egejskega morja, pobeljene stavbe, ki se držijo pobočij, in vonj oljčnega olja in zelišč, ki se širijo po zraku. "Greekish" ni le zbirka receptov; je potni list v srce Grčije, kjer vsaka jed pripoveduje zgodbo o dediščini, regionalnih vplivih in veselju skupnega obedovanja.

Ne glede na to, ali ste izkušen kuhar, ki želi poustvariti pristne grške okuse, ali domači kuhar, ki želi svojim obrokom vdahniti sredozemski pridih, so ti recepti zasnovani tako, da so dostopni, okusni in praznujejo vsakodnevno grško kuhinjo. Od klasične musake do živahnih grških solat, podajte se na kulinarično odisejado, ki vam prinese duh grške mize.

Pridružite se nam, ko raziskujemo preproste, a globoke užitke grške kuhinje, kjer je vsak recept opomnik, da ima dobra hrana moč, da vas popelje na sončne obale, družinska srečanja in srce grškega gostoljubja. Torej, zberite svoje sestavine, sprejmite sredozemski duh in uživajmo v bistvu grške kuhinje skozi »grško«. Opa!

GRŠKI ZAJTRK

1. Grška omletna enolončnica

SESTAVINE:
- Dvanajst velikih jajc
- Dvanajst unč solate iz artičok
- Osem unč sveže narezane špinače
- Ena žlica svežega kopra
- Štiri čajne žličke oljčnega olja
- Ena čajna žlička posušenega origana
- Dva stroka sesekljanega česna
- Dve skodelici polnomastnega mleka
- Pet unč na soncu posušenih paradižnikov
- Ena skodelica zdrobljenega feta sira
- Ena čajna žlička limoninega popra
- Ena čajna žlička soli
- Ena čajna žlička popra

NAVODILA:
a) Vzemite veliko skledo.
b) Dodajte jajca v skledo.
c) Jajca stepamo približno pet minut.
d) Vzemite drugo skledo in vanjo dodajte poper, limonin poper, svež koper, posušen origano in sol.
e) Vse sestavine dobro premešamo.
f) V skledo za jajca dodajte olivno olje in špinačo.
g) Sestavine dobro premešamo in dodamo sesekljan česen ter ostale sestavine.
h) Zmešajte vse sestavine obeh posod skupaj.
i) Zmes dodamo v pomaščen pekač.
j) Enolončnico pečemo petindvajset do trideset minut.
k) Po končani enolončnici odložite.
l) Jed je pripravljena za postrežbo.

2. Grška sirna pita z orehi in medom

SESTAVINE:
- Osem unč feta sira
- En paket filo listov
- Ena čajna žlička posušene mete
- Pol skodelice sesekljanih oreščkov (po vaši izbiri)
- Ena skodelica medenega timijana
- Ena skodelica precejenega grškega jogurta
- Sedem unč masla

NAVODILA:
a) Vzemite veliko skledo.
b) Vanj dodamo maslo in dobro stepemo.
c) V skledo z maslom dodajte grški jogurt in feta sir.
d) Sestavine dobro premešamo.
e) V skledo dodajte posušeno meto in dobro premešajte.
f) Liste fila razporedimo v pomaščen pekač.
g) Dodajte sirno zmes v filo liste in jo pokrijte z več filo listi.
h) Pito pečemo približno štirideset minut.
i) Razstavite pito.
j) Po vrhu pite potresemo medeni timijan.
k) Jed okrasite s sesekljanimi orehi
l) Jed je pripravljena za postrežbo.

3. Sredozemska skleda za zajtrk

SESTAVINE:
- 4 mehko kuhana jajca, kuhana po vaših željah
- 8 unč belih gob, prepolovljenih
- Ekstra deviško olivno olje
- Košer sol
- 2 skodelici češnjevih paradižnikov
- 2 skodelici mlade špinače, pakirano
- 1 do 2 stroka česna, nasekljana
- 1 ½ skodelice humusa
- Začimba Za'atar
- Olive (neobvezno, za okras)

NAVODILA:
DUŠITE GOBE:
a) V ponvi na srednje močnem ognju segrejte kapljico ekstra deviškega oljčnega olja.
b) Dodajte prepolovljene gobe in kuhajte, dokler ne postanejo zlate in mehke, začinite s ščepcem košer soli. Odstranite z ognja in odstavite.
ČEŠNJEV PARADIŽNIK BLISTER:
c) V isto ponev dodajte še malo olivnega olja in segrejte na zmernem ognju.
d) Dodajte češnjeve paradižnike in kuhajte, dokler ne začnejo mehurjati in se zmehčajo. Odstranite z ognja in odstavite.
PRIPRAVA ŠPINAČE:
e) V isto ponev po potrebi dodamo še malo olivnega olja in na kratko prepražimo sesekljan česen, da zadiši.
f) Dodajte pakirano mlado špinačo in kuhajte, dokler ne oveni.
g) Začinimo s ščepcem soli.
SESTAVITE SKLEDO:
h) Začnite z velikodušno plastjo humusa na dno sklede.
i) Po vrhu humusa razporedite mehko kuhana jajca, dušene gobe, narezane češnjeve paradižnike in dušeno špinačo.
j) Za'atar potresemo po sestavinah.
k) Po želji dodajte olive za dodaten okus in okras.

4.Grški toast z avokadom

SESTAVINE:
- Pol skodelice limoninega soka
- Štiri rezine kruha
- Pol skodelice češnjevih paradižnikov
- Pol skodelice ekstra deviškega oljčnega olja
- Pol skodelice zdrobljenega sira
- Zdrobljeni rdeči čiliji
- Pol skodelice sesekljane kumare
- Četrtina skodelice kopra
- Pol skodelice oliv Kalamata
- Dve skodelici sesekljanega avokada
- Ščepec soli
- Ščepec črnega popra

NAVODILA:
a) Vzemite veliko skledo.
b) Dodajte vse sestavine razen rezin kruha.
c) Zmešajte vse sestavine.
d) Rezine kruha popečemo
e) Z mešanico namažite rezine kruha.

5. Polnozrnati toast z avokadom in jajci

SESTAVINE:
- 2 rezini polnozrnatega kruha
- 1 zrel avokado
- 2 poširana ali ocvrta jajca
- Sol in poper po okusu
- Dodatki po želji: češnjevi paradižniki, kosmiči rdeče paprike ali sveža zelišča

NAVODILA:
a) Rezine polnozrnatega kruha popecite, dokler niso hrustljave.
b) Zrel avokado pretlačimo in namažemo na popečene kruhke.
c) Vsako rezino potresemo s poširanim ali ocvrtim jajcem.
d) Začinite s soljo, poprom in poljubnimi prelivi po želji.
e) Uživajte v toastu z avokadom in jajcem!

6. Grška umešana jajca

SESTAVINE:
- Dve žlici oljčnega olja
- Dve veliki jajci
- En zrel češnjev paradižnik
- Ščepec soli
- Ščepec črnega popra

NAVODILA:
a) Vzemite veliko ponev.
b) V ponev dodajte olivno olje.
c) V ponev dodajte paradižnik in sol.
d) Paradižnik dobro prekuhamo, nato pa v ponev dodamo črni poper.
e) V ponev razbijte jajca.
f) Sestavine dobro premešajte.
g) Postrezite, ko so jajca končana

7.Grška ocvrta jajca s krompirjem in feto

SESTAVINE:
- Dve žlici oljčnega olja
- Dve veliki jajci
- En narezan krompir
- Šestdeset gramov feta sira
- Ščepec soli
- Ščepec črnega popra

NAVODILA:
a) Vzemite veliko ponev.
b) V ponev dodajte olivno olje.
c) V ponev dodamo krompir in sol.
d) Krompir dobro skuhamo in nato v ponev dodamo črni poper.
e) V ponev razbijte jajca.
f) Na vrh dodamo nadrobljen feta sir.
g) Sestavine dobro popečemo na obeh straneh.
h) Postrezite, ko so jajca končana

8.Grški kruhovi obročki s sezamom

SESTAVINE:
- Dve skodelici moke
- Tri žlice oljčnega olja
- Dve čajni žlički soli
- Pol čajne žličke kvasa
- Ena čajna žlička sladkorja
- Ena skodelica sezamovih semen
- Ena skodelica mlačne vode

NAVODILA:
a) Vzemite veliko skledo.
b) V skledo dodamo sladkor, kvas in mlačno vodo.
c) Dobro premešajte in pustite na stran, dokler ne nastanejo mehurčki.
d) V mešanico dodajte moko in sol.
e) Testo dobro pregnetemo in iz zmesi za testo začnemo oblikovati obroče.
f) Na kolobarje dodamo sezamovo seme in kolobarje položimo na pekač.
g) Jed pečemo približno trideset minut.

9.Grški zajtrk Ladenia

SESTAVINE:
- Dve skodelici moke
- Tri žlice oljčnega olja
- Dve čajni žlički soli
- Pol čajne žličke kvasa
- Ena čajna žlička sladkorja
- Ena skodelica češnjevih paradižnikov
- Dve čajni žlički posušenega origana
- Ena skodelica narezane čebule
- Ena skodelica mlačne vode

NAVODILA:
a) Vzemite veliko skledo.
b) V skledo dodamo sladkor, kvas in mlačno vodo.
c) Dobro premešajte in pustite na stran, dokler ne nastanejo mehurčki.
d) V mešanico dodajte moko in sol.
e) Testo dobro pregnetemo in iz zmesi za testo začnemo oblikovati okrogle lepinje.
f) Na kruh dodamo narezano čebulo in češnjeve paradižnike ter testo za kruh položimo na pekač.
g) Jed pečemo približno trideset minut.

10. Rižev puding za grški zajtrk (Rizogalo)

SESTAVINE:
- Dve skodelici polnomastnega mleka
- Dve skodelici vode
- Štiri žlice koruznega škroba
- Štiri žlice belega sladkorja
- Pol skodelice riža
- Četrtina čajne žličke cimeta v prahu

NAVODILA:
a) Vzemite veliko ponev.
b) Dodajte vodo in polnomastno mleko.
c) Tekočina naj vre pet minut.
d) Dodajte riž in sladkor v mešanico mleka.
e) Vse sestavine dobro kuhajte trideset minut oziroma dokler se ne začne gostiti.
f) Na vrh dodajte cimet v prahu.
g) Jed je pripravljena za postrežbo.

11.Jajčni mafini za grški zajtrk

SESTAVINE:
- Pol skodelice posušenih paradižnikov
- Deset jajc
- Četrtina skodelice oliv
- Ena skodelica zdrobljenega sira
- Četrtina skodelice smetane

NAVODILA:
a) Vzemite veliko skledo.
b) Dodajte vse sestavine v skledo.
c) Vse skupaj dobro premešamo.
d) Jajčno zmes vlijemo v pomaščen pekač za mafine.
e) Mafine pečemo dvajset do trideset minut.
f) Izpraznite muffine.
g) Jed je pripravljena za postrežbo.

12. Jajčna ponev za grški zajtrk z zelenjavo in feto

SESTAVINE:
- Dve žlici oljčnega olja
- Dve veliki jajci
- En zrel češnjev paradižnik
- Dve skodelici narezane mlade špinače
- Ena skodelica sesekljane čebule
- Ena skodelica paprike
- Četrtina skodelice zdrobljenega feta sira
- Ščepec soli
- Ščepec črnega popra

NAVODILA:
a) Vzemite veliko ponev.
b) V ponev dodajte olivno olje.
c) V ponev dodajte čebulo in sol.
d) Čebulo dobro prepražimo, nato pa v ponev dodamo črni poper.
e) Mešanici dodajte mlado špinačo in papriko.
f) Sestavine dobro kuhamo približno pet minut.
g) V ponev razbijte jajca.
h) Sestavine dobro prekuhajte.
i) Postrezite, ko so jajca končana.
j) Jed okrasite z nadrobljenim feta sirom.

13. Pitas za grški zajtrk

SESTAVINE:
- Dve žlici oljčnega olja
- Dve rezini pita kruha
- Dve veliki jajci
- En zrel češnjev paradižnik
- Dve skodelici narezane mlade špinače
- Ena skodelica sesekljane čebule
- Pol skodelice sesekljane bazilike
- Ena skodelica paprike
- Četrtina skodelice zdrobljenega feta sira
- Ščepec soli
- Ščepec črnega popra
- Šopek sesekljanega cilantra

NAVODILA:
a) Vzemite veliko ponev.
b) V ponev dodajte olivno olje.
c) V ponev dodajte čebulo in sol.
d) Čebulo dobro prepražimo, nato pa v ponev dodamo črni poper.
e) V mešanico dodajte mlado špinačo in papriko.
f) Sestavine dobro kuhamo približno pet minut.
g) V ponev razbijte jajca.
h) Sestavine dobro prekuhajte.
i) Postrezite, ko so jajca končana.
j) Pustimo, da se jajca ohladijo, nato jim dodamo nadrobljen feta sir
k) vanj.
l) Dobro premešaj.
m) Segrejte pita kruh.
n) V kruhu izrežemo luknjo in vanjo dodamo kuhano mešanico.
o) Kruh okrasite s sesekljanim cilantrom.

14. Parfe z grškim jogurtom

SESTAVINE:
- 1 skodelica grškega jogurta
- ½ skodelice svežega jagodičevja (npr. borovnice, jagode)
- 2 žlici medu
- 2 žlici sesekljanih oreščkov (npr. mandljev ali orehov)
- ¼ skodelice granole

NAVODILA:
a) V kozarec ali skledo položite grški jogurt, sveže jagode in med.
b) Potresemo s sesekljanimi orehi in granolo.
c) Uživajte v okusnem parfeu z grškim jogurtom!

15.Mediteranska omleta

SESTAVINE:
- 2 veliki jajci
- ¼ skodelice narezanega paradižnika
- ¼ skodelice narezane paprike
- ¼ skodelice narezane rdeče čebule
- 2 žlici feta sira
- 1 žlica olivnega olja
- Sveža zelišča (npr. peteršilj ali origano)
- Sol in poper po okusu

NAVODILA:
a) V ponvi na srednjem ognju segrejte olivno olje.
b) Pražite na kocke narezano zelenjavo, dokler ni mehka.
c) V skledi stepemo jajca in jih vlijemo v ponev.
d) Kuhajte, dokler se jajca ne strdijo, nato potresite s feta sirom, zelišči, soljo in poprom.
e) Omleto prepognemo na pol in vročo postrežemo.

16.Zavitek za zajtrk s špinačo in feto

SESTAVINE:
- 2 veliki jajci
- 1 skodelica svežih listov špinače
- 2 žlici zdrobljenega feta sira
- 1 polnozrnata tortilja
- 1 žlica olivnega olja
- Sol in poper po okusu

NAVODILA:
a) V ponvi na srednjem ognju segrejte olivno olje.
b) Dodamo sveže liste špinače in kuhamo, dokler ne oveni.
c) V skledi stepemo jajca in jih stresemo v ponev s špinačo.
d) Po jajcih potresemo feta sir in kuhamo toliko časa, da se rahlo stopi.
e) Mešanico jajc in špinače položite v polnozrnato tortiljo, jo zvijte in postrezite kot zavitek.

GRŠKI PRIGRIZKI

17. Grški Tzatziki Dip

SESTAVINE:
- Skodelica in pol grškega jogurta
- Ena žlica sesekljanega svežega kopra
- Na pol sesekljane kumare
- Dve žlici oljčnega olja
- Pol čajne žličke soli
- Dve čajni žlički mletega česna
- Ena žlica belega kisa

NAVODILA:
a) Vzemite veliko skledo.
b) V skledo dodajte vse posušene sestavine.
c) Dobro premešamo in pustimo v hladilniku deset minut.
d) Dodajte mokre sestavine v skledo.
e) Dobro premešaj.

18. Grški ocvrti sir

SESTAVINE:
- En kilogram trdega sira
- Rastlinsko olje
- Ena skodelica večnamenske moke

NAVODILA:
a) Sir narežemo na rezine.
b) Pomočite ga v večnamensko moko.
c) Vzemite veliko ponev.
d) V ponev dodamo olje in dobro segrejemo.
e) Dodajte rezine sira in globoko pražite, dokler ne postanejo zlato rjave barve.

19. Grški krompirček

SESTAVINE:
- En funt rdečerjavega krompirja
- Rastlinsko olje
- Ena skodelica večnamenske moke
- Ena skodelica zdrobljenega feta sira
- Ena skodelica salse

NAVODILA:
a) Krompir narežemo na paličice.
b) Pomočite ga v večnamensko moko.
c) Vzemite veliko ponev.
d) V ponev dodamo olje in dobro segrejemo.
e) Dodamo krompirjeve palčke in globoko pražimo, dokler ne postanejo zlato rjave barve.
f) Odstranite krompirček in na vrh dodajte salso in feta sir.

20.Grška Feta Dip

SESTAVINE:
- Skodelica in pol grškega jogurta
- Ena žlica sesekljanega svežega kopra
- Na pol narezan feta sir
- Dve žlici oljčnega olja
- Pol čajne žličke soli
- Dve čajni žlički mletega česna
- Ena žlica belega kisa

NAVODILA:
a) Vzemite veliko skledo.
b) V skledo dodajte vse posušene sestavine.
c) Dobro premešamo in pustimo v hladilniku deset minut.
d) Dodajte mokre sestavine v skledo.
e) Dobro premešaj.

21. Mediteranska sadna solata

SESTAVINE:
- 2 skodelici lubenice, narezane na kocke
- 2 skodelici kumare, narezane na kocke
- 1 skodelica feta sira, zdrobljenega
- ¼ skodelice svežih listov mete ali bazilike, sesekljane
- 1 žlica ekstra deviškega oljčnega olja
- 1 žlica balzamičnega kisa
- Sol in poper po okusu

NAVODILA:
a) V veliki skledi zmešajte lubenico, kumare in feta sir.
b) V manjši skledi zmešajte olivno olje in balzamični kis.
c) Preliv pokapajte po solati in nežno premešajte, da se poveže.
d) Potresemo s sesekljanimi lističi mete ali bazilike.
e) Začinimo s soljo in poprom po okusu.
f) Pred serviranjem hladite v hladilniku 30 minut.

22. Kalamari z rožmarinom in čilijevim oljem

SESTAVINE:
- Ekstra deviško olivno olje
- 1 šopek svežega rožmarina
- 2 cela rdeča čilija, brez pečk in drobno nasekljana 150 ml smetane
- 3 rumenjaki
- 2 žlici naribanega parmezana
- 2 žlici navadne moke
- Sol in sveže mleti črni poper
- 1 strok česna, olupljen in strt
- 1 čajna žlička posušenega origana
- Rastlinsko olje za globoko cvrtje
- 6 Lignje, očiščene in narezane na kolobarje
- Sol

NAVODILA:
a) Za preliv segrejte olivno olje v majhni kozici in vmešajte rožmarin in čili. Odstrani iz enačbe.
b) V veliki posodi za mešanje zmešajte smetano, rumenjake, parmezan, moko, česen in origano. Mešajte, dokler testo ni gladko. Začinite s črnim poprom, sveže mletim.
c) Olje segrejte na 200°C za globoko cvrtje oziroma dokler kocka kruha v 30 sekundah ne porjavi.
d) Kolobarje lignjev enega po enega pomočimo v testo in jih previdno polagamo v olje. Kuhajte do zlato rjave barve, približno 2-3 minute.
e) Odcedite na kuhinjskem papirju in takoj postrezite s prelivom. Po potrebi posolimo.

23.Grški jajčevci Dip

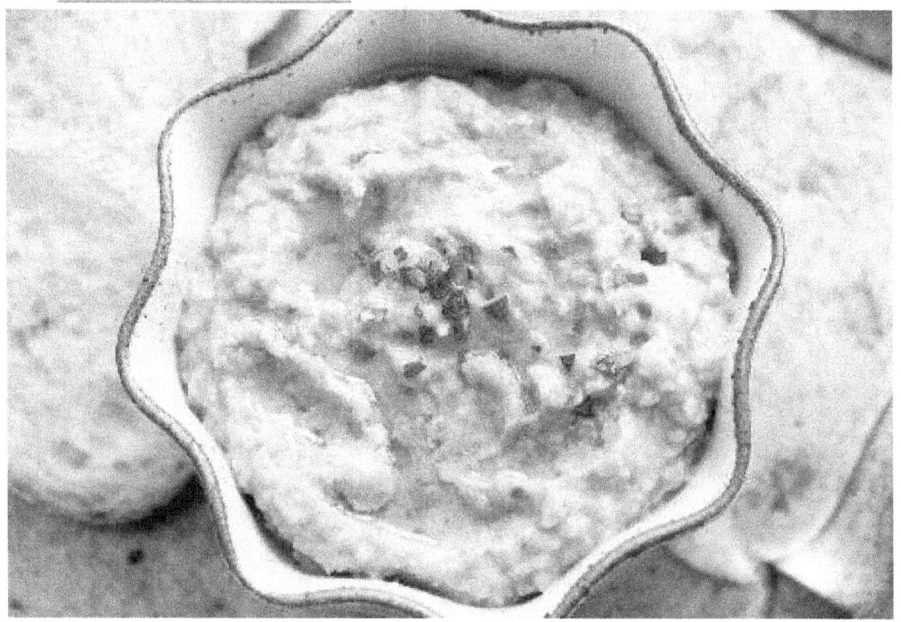

SESTAVINE:
- Skodelica in pol grškega jogurta
- Ena žlica sesekljanega svežega kopra
- Na pol narezane pečene jajčevce
- Dve žlici oljčnega olja
- Pol čajne žličke soli
- Dve čajni žlički mletega česna

NAVODILA:
a) Vzemite veliko skledo.
b) Dodajte vse sestavine in dobro premešajte.
c) Jed okrasite s svežim koprom.

24. Grški spomladanski zavitki Spanakopita

SESTAVINE:
- En paket zavitkov spomladanskih zvitkov
- Rastlinsko olje
- **ZA POLNJENJE:**
- Ena skodelica feta sira
- Štiri jajca
- Pol čajne žličke sveže naribanega muškatnega oreščka
- Ščepec soli
- Ena žlica oljčnega olja
- Četrtina skodelice sesekljane čebule
- Ena čajna žlička mletega česna
- Ena žlica mleka
- Pol skodelice sesekljane špinače
- Ščepec mletega črnega popra

NAVODILA:
a) Vzemite veliko ponev.
b) V ponev dodajte olivno olje.
c) Čebulo in česen dodajte, ko se olje segreje.
d) Čebulo pražimo toliko časa, da se zmehča.
e) Jajca zmiksamo in v ponev dodamo sesekljano špinačo.
f) Sestavine kuhamo toliko časa, da špinača oveni.
g) V ponev dodajte feta sir, mleko, črni poper, sol in sveže nariban muškatni oreščke.
h) Sestavine kuhamo približno pet minut.
i) Ugasnemo štedilnik in pustimo, da se mešanica ohladi.
j) Zmes nadevamo na zavitke spomladanskih zavitkov in zvijemo.
k) Spomladanske zavitke globoko ocvremo, dokler ne postanejo zlato rjave barve.
l) Ko je spanakopita pripravljena, jo postrežemo.

25. Grške vrtnice za tortilje

SESTAVINE:
- En paket tortilj
- Rastlinsko olje

ZA POLNJENJE:
- Ena skodelica feta sira
- En funt govejega mesa
- Pol čajne žličke sveže naribanega muškatnega oreščka
- Ščepec soli
- Ena žlica oljčnega olja
- Četrtina skodelice sesekljane čebule
- Ena čajna žlička mletega česna
- Ena žlica mleka
- Pol skodelice sesekljane špinače
- Ščepec mletega črnega popra

NAVODILA:
a) Vzemite veliko ponev.
b) V ponev dodajte olivno olje.
c) Čebulo in česen dodajte, ko se olje segreje.
d) Čebulo pražimo toliko časa, da se zmehča.
e) Goveje meso premešamo in v ponev dodamo sesekljano špinačo.
f) Sestavine kuhamo toliko časa, da špinača oveni.
g) V ponev dodajte feta sir, mleko, črni poper, sol in sveže nariban muškatni orešček.
h) Sestavine kuhamo približno pet minut.
i) Ugasnemo štedilnik in pustimo, da se mešanica ohladi.
j) Zmes dodamo na tortilje in zvijemo.
k) Vetrnice pečemo toliko časa, da postanejo zlato rjave barve.
l) Ko so gotove, jih posujte.

26. Grški polnjeni kumarični grižljaji

SESTAVINE:
- En funt kumare

ZA POLNJENJE:
- Ena skodelica feta sira
- En funt piščančjega mesa
- Pol čajne žličke sveže naribanega muškatnega oreščka
- Ščepec soli
- Ena žlica oljčnega olja
- Četrtina skodelice sesekljane čebule
- Ena čajna žlička mletega česna
- Ščepec mletega črnega popra
- Sveža meta

NAVODILA:
a) Vzemite veliko ponev.
b) V ponev dodajte olivno olje.
c) Čebulo in česen dodajte, ko se olje segreje.
d) Čebulo pražimo toliko časa, da se zmehča.
e) Piščanca zmešajte v ponev.
f) V ponev dodajte feta sir, črni poper, sol in sveže nariban muškatni oreščatek.
g) Sestavine kuhamo približno pet minut.
h) Ugasnemo štedilnik in pustimo, da se mešanica ohladi.
i) Mešanico dodamo na koščke kumare.
j) Jed okrasite s sesekljanimi listi mete.

27. C risp začinjen krompir

SESTAVINE:
- 3 žlice oljčnega olja
- 4 Rdeči krompir, olupljen, in kocke posteljice
- 2 žlici mlete čebule
- 2 stroka česna, nasekljana
- Sol in sveže mlet črni poper
- 1 1/2 žlice španske paprike
- 1/4 čajne žličke omake Tabasco
- 1/4 čajne žličke mletega timijana
- 1/2 skodelice kečapa
- 1/2 skodelice majoneze
- Sesekljan peteršilj, za okras
- 1 skodelica olivnega olja, za cvrtje

NAVODILA:
OMAKA BRAVA:
a) V ponvi na srednjem ognju segrejte 3 žlice oljčnega olja. Čebulo in česen pražimo toliko časa, da se čebula zmehča.
b) Odstranite ponev z ognja in vanjo vmešajte papriko, omako Tabasco in timijan.
c) V skledi za mešanje zmešajte kečap in majonezo.
d) Po okusu začinimo s soljo in poprom. Odstrani iz enačbe.

KROMPIR:
e) Krompir rahlo začinite s soljo in črnim poprom.
f) Krompir pražite v 1 skodelici (8 fl. oz.) oljčnega olja v veliki ponvi, dokler ni zlato rjav in kuhan, občasno premešajte.
g) Krompir odcedimo na papirnatih brisačkah, ga okusimo in po potrebi dodatno posolimo.
h) Da krompir ostane hrustljav, ga zmešajte z omako tik pred serviranjem.
i) Postrežemo toplo, okrašeno s sesekljanim peteršiljem.

28. Grška solata Cracke r

SESTAVINE:
ZA PRELIV:
- Pol čajne žličke košer soli
- Dve čajni žlički sveže mletega črnega popra
- Četrtina skodelice rdečega vinskega kisa
- Pol skodelice oljčnega olja
- Dve žlici mletega česna
- Dve čajni žlički svežega origana
- Pol čajne žličke posušenega origana

ZA SOLATO:
- Ena skodelica feta sira
- Pol kilograma rezin hrustljavega kruha
- Pol čajne žličke mletega česna
- Dve žlici oljčnega olja
- Pol skodelice oliv Kalamata
- Ena skodelica rdeče-oranžne paprike
- Ena skodelica angleške kumare
- Ena skodelica češnjevih paradižnikov

NAVODILA:
a) Vzemite majhno skledo. Vanj dodajte oljčno olje in nasekljan česen.
b) Vmešajte rezine kruha.
c) Rezine pečemo deset minut.
d) Rezine kruha postrežemo, ko so pečene.
e) Vzemite veliko skledo. V skledo dodajte angleško kumaro, olive Kalamata, rdeče-oranžno papriko, češnjeve paradižnike in feta sir.
f) Vse dobro premešamo in odstavimo.
g) Vzemite majhno skledo.
h) Dodajte oljčno olje, rdeči vinski kis, košer sol, mleti česen, sveže zdrobljen črni poper, svež origano in posušen origano.
i) Vse skupaj dobro premešamo.
j) S tem prelivom prelijemo pripravljeno solato.
k) Vse skupaj dobro premešamo in dodamo na vrh popečenih rezin kruha.

29. Grški grižljaji pita kruha

SESTAVINE:
- En funt grižljajev pita kruha
- Rastlinsko olje
- Ena skodelica večnamenske moke
- Ena skodelica zdrobljenega feta sira
- Ena skodelica salse

NAVODILA:
a) Pita kruh narežemo na velike kose.
b) Pomočite ga v večnamensko moko.
c) Vzemite veliko ponev.
d) V ponev dodamo olje in dobro segrejemo.
e) Dodajte pita kruh in globoko pražite, dokler ne postanejo zlato rjave barve.
f) Izrežite kruh in na vrh dodajte salso in feta sir.

30. Grške kroglice iz bučk (Kolokithokeftedes)

SESTAVINE:
- Ena sesekljana rdeča čebula
- Dva mleta stroka česna
- Ščepec soli
- Ščepec črnega popra
- Pol skodelice listov mete
- Dve skodelici naribanih bučk
- Pol čajne žličke origana
- Eno jajce
- Dve žlici oljčnega olja
- Ena skodelica grškega jogurta

NAVODILA:
a) Vzemite veliko skledo.
b) V skledo dodamo naribano bučko, začimbe, meto, čebulo, česen in jajce.
c) Vse sestavine dobro premešamo in oblikujemo okrogle kroglice.
d) Bučkine kroglice prepražimo na oljčnem olju, dokler ne postanejo zlato rjave barve.
e) Izpraznite kroglice.
f) Bučkine kroglice zraven postrežemo z grškim jogurtom.

31. Energijski grižljaji baklave

SESTAVINE:
- 1 skodelica sesekljanih oreščkov (npr. orehi, mandlji)
- ¼ skodelice ovsenih kosmičev
- 2 žlici medu
- ½ čajne žličke mletega cimeta
- ¼ čajne žličke mletih nageljnovih žbic
- ¼ čajne žličke vanilijevega ekstrakta
- 1 žlica drobno sesekljanih suhih marelic (neobvezno)

NAVODILA:
a) V kuhinjskem robotu zmešajte sesekljane oreščke in ovsene kosmiče. Pulzirajte, dokler ni fino zmlet.
b) Dodajte med, cimet, nageljnove žbice in ekstrakt vanilije. Mešajte, dokler se zmes ne sprime.
c) Po želji vmešamo še sesekljane suhe marelice.
d) Zmes razvaljajte v kroglice v velikosti grižljaja.
e) Pred serviranjem hladite v hladilniku približno 30 minut.

32.S kozica gambas

SESTAVINE:
- 1/2 skodelice olivnega olja
- Sok 1 limone
- 2 žlički morske soli
- 24 srednje velikih kozic v oklepu z nedotaknjenimi glavami

NAVODILA:
a) V skledi za mešanje zmešajte olivno olje, limonin sok in sol ter mešajte, dokler se temeljito ne premeša. Če želite kozice rahlo prekriti, jih za nekaj sekund potopite v mešanico.
b) V suhi ponvi na močnem ognju segrejemo olje. Če delate v serijah, dodajte kozico v eni plasti, ne da bi pregneteli ponev, ko je zelo vroča. 1 minuta praženja
c) Zmanjšajte toploto na srednje in kuhajte še eno minuto. Ogenj povečajte na visoko in kozico pražite še 2 minuti ali dokler ne porjavi.
d) Kozico hranimo na toplem v nizki pečici na neprepustnem krožniku.
e) Na enak način skuhamo preostale kozice.

33. Sredozemsko navdahnjena mešanica poti

SESTAVINE:
- 1 skodelica surovih mandljev
- 1 skodelica surovih indijskih oreščkov
- 1 skodelica nesoljenih pistacij
- ½ skodelice suhih marelic, sesekljanih
- ½ skodelice suhih fig, sesekljanih
- ¼ skodelice zlatih rozin
- ¼ skodelice narezanih na soncu posušenih paradižnikov
- 1 žlica olivnega olja
- ½ čajne žličke mlete kumine
- ½ čajne žličke paprike
- ¼ čajne žličke morske soli
- ¼ čajne žličke črnega popra

NAVODILA:
a) Pečico segrejte na 325 °F (163 °C).
b) V veliki skledi zmešajte mandlje, indijske oreščke in pistacije.
c) V majhni skledi zmešajte oljčno olje, mleto kumino, papriko, morsko sol in črni poper.
d) Začimbno mešanico pokapljajte po oreščkih in premešajte, da se enakomerno prekrijejo.
e) Začinjene oreščke razporedite po pekaču v eni plasti.
f) Oreščke pražimo v predhodno ogreti pečici 10-15 minut oziroma dokler niso rahlo popečeni. Ne pozabite jih občasno premešati, da zagotovite enakomerno praženje.
g) Ko so oreščki pečeni, jih vzamemo iz pečice in pustimo, da se popolnoma ohladijo.
h) V veliki posodi za mešanje zmešajte pražene oreščke s sesekljanimi suhimi marelicami, figami, zlatimi rozinami in posušenimi paradižniki.
i) Vse skupaj premešajte, da ustvarite svojo sredozemsko mešanico poti.
j) Mešanico trail shranite v nepredušni posodi za prigrizke na poti.

34. Datlji in pistacijevi grižljaji

SESTAVINE:
- 12 datljev Medjool, brez koščic
- ½ skodelice olupljenih pistacij
- 2 žlici kremnega ali kozjega sira
- 1 čajna žlička medu
- ½ čajne žličke mlete kumine
- ¼ čajne žličke mlete paprike
- Sol in črni poper po okusu
- Listi svežega peteršilja za okras (neobvezno)

NAVODILA:

a) Oluščene pistacije v kuhinjskem sekljalniku pretlačite, dokler niso drobno sesekljane. Prestavimo jih v plitvo skledo in odstavimo.

b) V istem kuhinjskem robotu zmešajte kremni sir (ali kozji sir), med, mleto kumino, mleto papriko, sol in črni poper. Mešajte, dokler zmes ni gladka in dobro združena.

c) Vsak brez koščic previdno odprite, da naredite majhen žepek.

d) Vzemite približno 1 čajno žličko sirne mešanice in jo nadevajte v vsak datlj, tako da napolnite žepek.

e) Ko nadevate datlje, jih povaljajte v sesekljanih pistacijah in pazite, da se pistacije oprimejo sirne zmesi.

f) Nadevane in obložene datlje položimo na servirni krožnik.

g) Po želji okrasite s svežimi listi peteršilja za pridih zelene barve.

h) Slane datlje in pistacijeve grižljaje postrezite takoj ali pa jih shranite v hladilniku, dokler ne boste pripravljeni uživati.

35. Jajčevci z medom

SESTAVINE:
- 3 žlice medu
- 3 jajčevci
- 2 skodelici mleka
- 1 žlica soli
- 1 žlica popra
- 100 g moke
- 4 žlice olivnega olja

NAVODILA:
a) Jajčevec na tanko narežemo.
b) V posodi za mešanje zmešajte jajčevce. V posodo nalijemo toliko mleka, da so jajčevci popolnoma prekriti. Začinimo s ščepcem soli.
c) Pustite vsaj eno uro, da se namaka.
d) Jajčevce vzamemo iz mleka in jih odstavimo. Z moko premažemo vsako rezino. Premažemo z mešanico soli in popra.
e) V ponvi segrejemo olivno olje. Rezine jajčevca ocvremo na 180 stopinjah C.
f) Ocvrte jajčevce položimo na papirnate brisače, da vpijejo odvečno olje.
g) Jajčevce prelijemo z medom.
h) Postrezite.

GRŠKO KOSILO

36. Grški klasični limonin krompir

SESTAVINE:
- Ena skodelica čebule
- Ena skodelica zelenjavne juhe
- Pol čajne žličke prekajene paprike
- Dve žlici dijonske gorčice
- Dve čajni žlički belega sladkorja
- Dve žlici oljčnega olja
- Dve skodelici paradižnikove paste
- Ena žlica posušenega rožmarina
- Ščepec soli
- Ščepec črnega popra
- Ena čajna žlička posušenega timijana
- En funt cvetov cvetače
- Dve žlici mletega česna
- Pol skodelice suhega belega vina
- Pol skodelice limoninega soka
- Pol skodelice cilantra

NAVODILA:
a) Vzemite veliko ponev.
b) Vanj dodajte oljčno olje in rezine čebule.
c) Prepražimo rezine čebule in jih nato izpražimo.
d) V ponev dodamo česen, koščke krompirja, limonin sok in začimbe.
e) Koščke krompirja v začimbah kuhamo pet do deset minut.
f) V mešanico dodajte preostale sestavine.
g) Mešanico kuhajte, dokler ne začne vreti.
h) Ogenj zmanjšajte in ponev pokrijte s pokrovko.
i) Po desetih minutah odstranite pokrov.
j) Preverite krompir, preden ga olupite.
k) Pred serviranjem po vrhu zdrobite rezine kuhane čebule.

37. Grška Salad

SESTAVINE:
ZA PRELIV:
- Pol čajne žličke košer soli
- Dve čajni žlički sveže mletega črnega popra
- Četrtina skodelice rdečega vinskega kisa
- Pol skodelice oljčnega olja
- Dve žlici mletega česna
- Dve čajni žlički svežega origana
- Pol čajne žličke posušenega origana

ZA SOLATO:
- Ena skodelica feta sira
- Pol skodelice parmezana
- Pol kilograma rezin kruha
- Pol čajne žličke mletega česna
- Dve žlici oljčnega olja
- Pol skodelice oliv Kalamata
- Ena skodelica rdeče-oranžne paprike
- Ena skodelica angleške kumare
- Ena skodelica češnjevih paradižnikov

NAVODILA:
a) Vzemite majhno skledo.
b) Vanj dodajte oljčno olje in nasekljan česen.
c) Dobro premešamo in namažemo na kruhove rezine.
d) Na vrh rezin dodajte parmezan.
e) Rezine pečemo deset minut.
f) Rezine kruha postrežemo, ko so pečene.
g) Vzemite veliko skledo.
h) V skledo dodajte angleško kumaro, olive Kalamata, rdeče-oranžno papriko, češnjeve paradižnike in feta sir.
i) Vse dobro premešamo in odstavimo.
j) Vzemite majhno skledo.
k) Dodajte oljčno olje, rdeči vinski kis, košer sol, mleti česen, sveže zdrobljen črni poper, svež origano in posušen origano.
l) Vse skupaj dobro premešamo.
m) S tem prelivom prelijemo pripravljeno solato.
n) Vse dobro premešamo in zraven dodamo popečene rezine kruha.

38.Grški piščančji giros

SESTAVINE:
- Štiri somune
- Pol skodelice zelenjavne juhe
- Četrtina skodelice limoninega soka
- Ena skodelica tzatziki omake
- Pol skodelice narezane rdeče čebule
- Pol skodelice narezanega paradižnika
- Pol skodelice zelene solate
- Ena žlica mletega česna
- Ena skodelica paradižnikove paste
- Dve žlici oljčnega olja
- Ena žlica česna v prahu
- Ena žlica posušenega timijana
- Pol čajne žličke mletega cimeta
- Dve žlici čilija v prahu
- Četrtina čajne žličke svežega muškatnega oreščka
- Ščepec morske soli
- Dve skodelici kosov piščanca

NAVODILA:
a) Vzemite veliko ponev.
b) V ponev dodajte oljčno olje in česen.
c) Dodajte origano, paradižnikovo pasto, dimljeno papriko, muškatni orešček, čili v prahu, timijan in sol.
d) V ponev dodajte zelenjavno juho, limonin sok in koščke piščanca.
e) Sestavine dobro kuhamo približno petnajst minut.
f) Kruhke pečemo približno dve do tri minute.
g) Vmes zarežemo somune, da dobimo strukturo vrečke.
h) Kuhano zmes dodamo v kruh in obložimo s tzatziki omako, solato, narezanim paradižnikom in rdečo čebulo.

39. Grške mesne kroglice

SESTAVINE:
- Ena sesekljana rdeča čebula
- Dva mleta stroka česna
- Ščepec soli
- Ščepec črnega popra
- Pol skodelice listov mete
- Dve skodelici govejega mesa
- Pol čajne žličke origana
- Eno jajce
- Dve žlici oljčnega olja
- Ena skodelica grškega jogurta

NAVODILA:
a) Vzemite veliko skledo.
b) V skledo dodajte mleto meso, začimbe, meto, čebulo, česen in jajce.
c) Vse sestavine dobro premešamo in oblikujemo okrogle kroglice.
d) Polpete na olivnem olju ocvremo toliko časa, da zlato rjavo zapečejo.
e) Izpraznite mesne kroglice.
f) Zraven postrežemo polpete z grškim jogurtom.

40. Grške polnjene paprike

SESTAVINE:
- Pol skodelice kuhanega riža
- Ena skodelica paradižnikove paste
- Dve žlici nesoljenega masla
- Tri žlice granuliranega sladkorja
- Pol skodelice sesekljanega korenja
- Ena čajna žlička mletega ingverja
- Dve skodelici mešanega sira
- Sesekljan svež peteršilj
- Dve žlici oljčnega olja
- En funt zelene paprike
- Dve skodelici paradižnika
- Ščepec soli
- Ščepec črnega popra
- Dve skodelici sesekljanega krompirja
- Ena skodelica sesekljane rdeče čebule
- Ena žlica mletega česna
- Pol skodelice sesekljane bučke

NAVODILA:
a) Vzemite veliko ponev.
b) V ponev dodamo maslo in sesekljano čebulo.
c) Čebulo pražimo, dokler se ne zmehča.
d) Dodajte česen in ingver ter narezane bučke, narezan krompir, paradižnik, paradižnikovo pasto in narezano korenje.
e) Zelenjavo dobro pokuhamo približno deset minut.
f) Dodamo granulirani sladkor, kuhan riž, sol in poper.
g) Vse dobro premešamo in odcedimo.
h) Papriko očistimo od znotraj in ji dodamo kuhano mešanico.
i) Na vrh dodamo zmešan sir in paprike položimo na pomaščen pekač.
j) Papriko pečemo toliko časa, da sir postane svetlo zlato rjave barve.
k) Paprike okrasite s sveže sesekljanimi listi peteršilja.

41. Grška fižolova juha

SESTAVINE:
- Pol skodelice sesekljanega svežega timijana
- Pol skodelice sesekljanega svežega origana
- Pol skodelice sesekljanega svežega drobnjaka
- Ena čajna žlička mešanice začimb v prahu
- Pol čajne žličke prekajene paprike
- En lovorjev list
- Ščepec soli
- Ščepec črnega popra
- Dve žlici oljčnega olja
- En funt fižola
- Pol žlice sesekljanega česna
- Dve skodelici narezanih paradižnikov
- Ena skodelica sesekljane čebule
- Ena skodelica sesekljanega peteršilja
- Ena skodelica zelenjavne osnove
- Ena skodelica vode

NAVODILA:
a) Vzemite veliko ponev.
b) Vanj dodajte sesekljano čebulo in olivno olje.
c) Sestavine dobro premešamo.
d) V ponev dodamo sesekljan česen.
e) V ponev dodamo paradižnik, origano, lovorov list, sol, črni poper, timijan, dimljeno papriko, zmešamo začimbe v prahu in drobnjak.
f) Sestavine dobro prekuhajte.
g) Dodajte fižol v zmes.
h) V ponev dodamo zelenjavno osnovo in vodo.
i) Juho dobro premešamo.
j) Na vrh ponve postavite pokrov.
k) Juho kuhamo deset do petnajst minut.
l) Juho postrežemo, ko je fižol gotov.
m) Po vrhu jed okrasimo s sesekljanim peteršiljem.

42. Grški pražen stročji fižol

SESTAVINE:
- Ščepec soli
- Ščepec črnega popra
- Štiri skodelice stročjega fižola
- Ena skodelica sesekljane čebule
- Pol žlice sesekljanega česna,
- Tri žlice oljčnega olja
- Dve žlici granuliranega sladkorja
- Dve žlici sesekljanega peteršilja
- Ena žlica prekajene paprike
- Dve žlici svežega origana
- Dve žlici svežega timijana
- Pol skodelice zelenjavne osnove
- Ena skodelica narezanih paradižnikov

NAVODILA:
a) Vzemite veliko ponev.
b) Dodajte mu sesekljano čebulo in olivno olje.
c) Sestavine dobro premešamo.
d) V ponev dodamo sesekljan česen.
e) V ponev dodajte paradižnik, origano, sol, črni poper, kristalni sladkor, timijan in dimljeno papriko.
f) Sestavine dobro prekuhajte.
g) Zmesi dodamo na kocke narezan stročji fižol.
h) V ponev dodajte zelenjavno osnovo.
i) Sestavine dobro premešamo.
j) Na vrh ponve postavite pokrov.
k) Stročji fižol kuhamo deset do petnajst minut.
l) Ko je stročji fižol kuhan, hrano odložite.
m) Po vrhu jed okrasimo s sesekljanim peteršiljem.

43. Grška juha iz leče

SESTAVINE:
- Ščepec soli
- Ščepec črnega popra
- Dve žlici oljčnega olja
- En funt mešane leče
- Pol žlice sesekljanega česna
- Dve skodelici narezanih paradižnikov
- Pol skodelice sesekljanega svežega timijana
- Pol skodelice sesekljanega svežega origana
- Pol skodelice sesekljanega svežega drobnjaka
- Ena čajna žlička mešanice začimb v prahu
- Pol čajne žličke prekajene paprike
- En lovorjev list
- Ena skodelica sesekljane čebule
- Ena skodelica sesekljanega peteršilja
- Ena skodelica zelenjavne osnove
- Ena skodelica vode

NAVODILA:
a) Vzemite veliko ponev.
b) Vanj dodajte sesekljano čebulo in olivno olje.
c) Sestavine dobro premešamo.
d) V ponev dodamo sesekljan česen.
e) V ponev dodamo paradižnik, origano, lovorov list, sol, črni poper, timijan, dimljeno papriko, zmešamo začimbe v prahu in drobnjak.
f) Sestavine dobro prekuhajte.
g) V mešanico dodajte lečo.
h) V ponev dodamo zelenjavno osnovo in vodo.
i) 9. Juho dobro premešamo.
j) Na vrh ponve postavite pokrov.
k) Juho kuhamo deset do petnajst minut.
l) Ko je leča kuhana, juho postrežemo.
m) Po vrhu jed okrasimo s sesekljanim peteršiljem.

44.Grška juha iz čičerike

SESTAVINE:
- Ena skodelica sesekljane čebule
- Ena skodelica sesekljanega peteršilja
- Ena skodelica zelenjavne osnove
- Ena skodelica vode
- Ščepec soli
- Ščepec črnega popra
- Dve žlici oljčnega olja
- En funt čičerike
- Pol žlice sesekljanega česna
- Dve skodelici narezanih paradižnikov
- Pol skodelice sesekljanega svežega timijana
- Pol skodelice sesekljanega svežega origana
- Pol skodelice sesekljanega svežega drobnjaka
- Ena čajna žlička mešanice začimb v prahu
- Pol čajne žličke prekajene paprike
- En lovorjev list

NAVODILA:
a) Vzemite veliko ponev.
b) Vanj dodajte sesekljano čebulo in olivno olje.
c) Sestavine dobro premešamo.
d) V ponev dodamo sesekljan česen.
e) V ponev dodamo paradižnik, origano, lovorov list, sol, črni poper, timijan, dimljeno papriko, zmešamo začimbe v prahu in drobnjak.
f) Sestavine dobro prekuhajte.
g) V mešanico dodajte čičeriko.
h) V ponev dodamo zelenjavno osnovo in vodo.
i) Juho dobro premešamo.
j) Na vrh ponve postavite pokrov.
k) Juho kuhamo deset do petnajst minut.
l) Juho postrežemo, ko je čičerika kuhana.
m) Po vrhu jed okrasimo s sesekljanim peteršiljem.

45.grški souvlaki

SESTAVINE:
- Pol žlice sesekljanega česna,
- Tri žlice oljčnega olja
- Dve žlici granuliranega sladkorja
- Dve žlici sesekljanega peteršilja
- Ena žlica prekajene paprike
- Dve žlici svežega origana
- Dve žlici svežega timijana
- Pol skodelice sesekljanega svežega drobnjaka
- Ena čajna žlička mešanice začimb v prahu
- Pol čajne žličke prekajene paprike
- En funt piščančjih beder
- Pita kruh

NAVODILA:
a) Vzemite veliko skledo.
b) Dodajte vse sestavine v skledo.
c) Marinado dobro premešamo.
d) Kose piščanca popečemo na žar ponvi.
e) Posodo vzamemo, ko so kosi piščanca na obeh straneh zlato rjavi.
f) Souvlaki postrezite s pita kruhom ob strani.

46. Grška lazanja (musaka) z govedino in jajčevci

SESTAVINE:
- Ena žlica mletega česna
- Dve žlici sveže sesekljanega kopra
- Ena skodelica feta sira
- Dve skodelici govejega mesa
- Ščepec soli
- Ščepec mletega črnega popra
- Ena skodelica kosov jajčevca
- Dve žlici oljčnega olja
- Tri skodelice mlade špinače
- Dve skodelici rdečerjavega krompirja
- Ena skodelica sesekljane čebule
- Dve skodelici paradižnikove omake
- Dve skodelici bešamela

NAVODILA:
a) Vzemite veliko skledo.
b) V skledo dodamo jajčevce, mleto meso, krompir, mlado špinačo.
c) V skledo zmešajte olivno olje, sol in zdrobljen črni poper.
d) Sestavine pečemo v pečici približno dvajset minut.
e) Vzemite veliko ponev.
f) V ponev dodajte oljčno olje in čebulo.
g) Čebulo pražimo toliko časa, da se zmehča.
h) V ponev dodamo sesekljan česen.
i) Sestavine dobro prekuhajte.
j) V ponev dodajte feta sir, sol in črni poper.
k) Vse sestavine dobro premešamo in jim dodamo sesekljan koper
l) ponev.
m) V ponev dodamo pečeno govedino in zelenjavo ter premešamo
n) vse dobro.
o) Na vrh zelenjavne mešanice dodajte paradižnikovo omako in bešamel.
p) Pečemo še deset minut.

47. Sredozemska solata iz čičerike

SESTAVINE:
- 2 pločevinki (po 15 unč) čičerike, odcejeni in oplaknjeni
- 1 skodelica češnjevih paradižnikov, prepolovljena
- 1 kumara, narezana na kocke
- ½ rdeče čebule, drobno sesekljane
- ¼ skodelice oliv Kalamata, brez koščic in narezanih
- ¼ skodelice feta sira, zdrobljenega
- 2 žlici ekstra deviškega oljčnega olja
- 2 žlici rdečega vinskega kisa
- 1 čajna žlička posušenega origana
- Sol in poper po okusu

NAVODILA:
a) V veliki skledi za solato zmešajte čičeriko, češnjeve paradižnike, kumare, rdečo čebulo in olive Kalamata.
b) V majhni skledi zmešajte oljčno olje, rdeči vinski kis, posušen origano, sol in poper.
c) Preliv pokapajte po solati in premešajte, da se združi.
d) Na vrh potresemo zdrobljen feta sir.
e) Postrezite ohlajeno in uživajte!

48. Limonin zeliščni piščanec s kvinojo in breskvijo

SESTAVINE:
ZA PIŠČANCA LEMON HERB:
- 1 majhno piščančje bedro (3 oz, brez kosti, brez kože)
- ¼ limone, iztisnjenega soka
- ¼ čajne žličke paprike
- Sol in poper po okusu
- Canola ali rastlinsko olje za žar

ZA SOLATO IZ KVINOJE IN BRESKVE:
- 1 skodelica kuhane kvinoje
- 1 velika breskev, olupljena in narezana
- 2 žlici sveže natrgane bazilike
- 10 polovic pekan orehov, narezanih
- 1 čajna žlička olivnega olja

NAVODILA:
ZA PIŠČANCA LEMON HERB:
a) V majhni skledi zmešajte limonin sok, papriko, sol in poper, da ustvarite marinado.
b) Piščančje bedro položite v plastično vrečko, ki jo je mogoče zapreti, ali plitko posodo in ga prelijte z marinado.
c) Vrečko zaprite ali posodo pokrijte in piščanca marinirajte v hladilniku vsaj 30 minut ali dlje za večji okus.
d) Segrejte žar ali ponev za žar na srednje močnem ognju in jo premažite z repičnim ali rastlinskim oljem.
e) Piščančje stegno pečemo na žaru približno 6-7 minut na vsako stran ali dokler ni pečeno in ima sledi žara.
f) Odstranite piščanca z žara in ga pustite počivati nekaj minut, preden ga narežete.

ZA SOLATO IZ KVINOJE IN BRESKVE:
g) V ločeni skledi zmešajte kuhano kvinojo, sesekljano breskev, natrgano svežo baziliko in sesekljane polovice pekanov.
h) Solato pokapajte z 1 čajno žličko olivnega olja in nežno premešajte, da se združi.
i) Začinimo s soljo in poprom po okusu.
j) Piščanca na žaru z limoninimi zelišči postrezite poleg kvinoje in breskove solate.

49. Grški solatni zavitek

SESTAVINE:
- 2 polnozrnati tortilji
- ¼ skodelice rimske solate ali mešanice zelenjave
- 1 skodelica narezane kumare
- 1 skodelica narezanega paradižnika
- ½ skodelice narezane rdeče čebule
- ¼ skodelice zdrobljenega feta sira
- ¼ skodelice oliv Kalamata, brez koščic in narezanih
- 2 žlici ekstra deviškega oljčnega olja
- 2 žlici rdečega vinskega kisa
- 1 čajna žlička posušenega origana
- Sol in poper po okusu

NAVODILA:
a) V skledi zmešajte kumare, paradižnik, rdečo čebulo, feta sir in olive Kalamata.
b) V majhni skledi zmešajte oljčno olje, rdeči vinski kis, posušen origano, sol in poper.
c) Preliv pokapajte po solati in premešajte, da se združi.
d) Polnozrnate tortilje segrejte v ponvi ali mikrovalovni pečici.
e) Na vrh tortilj položite solato.
f) Z žlico nanesite solatno mešanico na tortilje, jih prepognite na straneh in jih zvijte kot zavitek.
g) Prerežemo na pol in postrežemo.

50.Mediteranska solata iz kvinoje

SESTAVINE:
- 1 skodelica kvinoje
- 2 skodelici vode
- 1 skodelica češnjevih paradižnikov, prepolovljena
- 1 kumara, narezana na kocke
- ½ rdeče paprike, narezane na kocke
- ¼ skodelice rdeče čebule, drobno sesekljane
- ¼ skodelice svežega peteršilja, sesekljanega
- ¼ skodelice feta sira, zdrobljenega
- 2 žlici ekstra deviškega oljčnega olja
- 2 žlici limoninega soka
- 1 čajna žlička posušenega origana
- Sol in poper po okusu

NAVODILA:
a) Kvinojo sperite pod hladno vodo.
b) V ponvi zmešajte kvinojo in vodo, zavrite in nato zmanjšajte vrelišče. Pokrijte in kuhajte približno 15 minut oziroma dokler se voda ne vpije.
c) V veliki skledi zmešajte kuhano kvinojo, češnjeve paradižnike, kumare, rdečo papriko, rdečo čebulo in svež peteršilj.
d) V majhni skledi zmešajte olivno olje, limonin sok, posušen origano, sol in poper.
e) Preliv pokapajte po solati in premešajte, da se združi.
f) Na vrh potresemo zdrobljen feta sir.
g) Postrezite ohlajeno in uživajte!

51. Sredozemska solata s tuno in belim fižolom

SESTAVINE:
- 1 pločevinka (6 unč) tune v vodi, odcejena
- 1 pločevinka (15 unč) belega fižola, odcejenega in opranega
- ½ skodelice češnjevih paradižnikov, prepolovljenih
- ¼ skodelice rdeče čebule, drobno sesekljane
- 2 žlici sveže nasekljane bazilike
- 2 žlici ekstra deviškega oljčnega olja
- 1 žlica rdečega vinskega kisa
- 1 strok česna, sesekljan
- Sol in poper po okusu

NAVODILA:

a) V skledi zmešajte odcejeno tunino, beli fižol, češnjev paradižnik, rdečo čebulo in svežo baziliko.

b) V majhni skledi zmešajte olivno olje, rdeči vinski kis, sesekljan česen, sol in poper.

c) Preliv pokapajte po solati in premešajte, da se združi.

d) To sredozemsko solato s tunino in belim fižolom postrezite kot okusno in beljakovinsko kosilo.

52. Lignji in riž

SESTAVINE:
- 6 oz. morski sadeži (po vaši izbiri)
- 3 stroki česna
- 1 srednje velika čebula (narezana)
- 3 žlice oljčnega olja
- 1 zelena paprika (narezana)
- 1 žlica črnila lignjev
- 1 šopek peteršilja
- 2 žlici paprike
- 550-gramski lignji (očiščeni)
- 1 žlica soli
- 2 zeleni (na kocke)
- 1 svež lovorjev list
- 2 srednje velika paradižnika (naribana)
- 300 g riža calasparra
- 125 ml belega vina
- 2 skodelici ribje osnove
- 1 limona

NAVODILA:
a) V ponev vlijemo olivno olje. V skledi za mešanje zmešajte čebulo, lovorjev list, poper in česen. Pustite nekaj minut cvreti.
b) Vmešajte lignje in morske sadeže. Kuhajte nekaj minut, nato odstranite lignje/morske sadeže.
c) V veliki skledi za mešanje zmešajte papriko, paradižnik, sol, zeleno, vino in peteršilj. Pustite 5 minut, da se zelenjava skuha.
d) V ponev stresite oplaknjen riž. V posodi za mešanje zmešajte ribjo osnovo in črnilo lignjev.
e) Kuhamo skupaj 10 minut. Zmešajte morske sadeže in lignje v veliki skledi za mešanje.
f) Kuhajte še 5 minut.
g) Postrezite z aioli ali limono.

GRŠKA VEČERJA

53. Grški polnjeni grozdni listi

SESTAVINE:
- Pol skodelice kuhanega riža
- Ena skodelica paradižnikove paste
- Dve žlici nesoljenega masla
- Tri žlice granuliranega sladkorja
- Dve skodelici kuhane govedine
- Ena čajna žlička mletega ingverja
- Dve skodelici mešanega sira
- Sesekljan svež peteršilj
- Dve žlici oljčnega olja
- En funt grozdnih listov
- Dve skodelici paradižnika
- Ščepec soli
- Ščepec črnega popra
- Ena skodelica sesekljane rdeče čebule
- Ena žlica mletega česna

NAVODILA:
a) Vzemite veliko ponev.
b) V ponev dodamo maslo in sesekljano čebulo.
c) Čebulo pražimo, dokler se ne zmehča.
d) Dodajte česen in ingver ter mleto goveje meso, paradižnik in paradižnikovo pasto.
e) Goveje meso dobro prepražimo približno deset minut.
f) Dodamo kristalni sladkor, kuhan riž, sol in poper.
g) Vse dobro premešamo in odcedimo.
h) Grozdne liste očistimo in ji dodamo kuhano zmes.
i) Zvijte grozdne liste.
j) Na vrh dodamo zmešan sir in vinske liste položimo na pomaščen pekač.
k) Grozdne liste kuhajte na pari približno deset do petnajst minut.
l) Grozdne liste okrasite s sveže sesekljanimi peteršiljevimi listi.

54.Grški pečen orzo

SESTAVINE:
- Ena skodelica nekuhanega orza
- Dve skodelici kosov piščanca
- Osem unč sveže narezane špinače
- Ena žlica svežega kopra
- Štiri čajne žličke oljčnega olja
- Ena čajna žlička posušenega origana
- Dva stroka sesekljanega česna
- Dve skodelici polnomastnega mleka
- Pet unč na soncu posušenih paradižnikov
- Ena skodelica zdrobljenega feta sira
- Ena čajna žlička limoninega popra
- Ena čajna žlička soli
- Ena čajna žlička popra

NAVODILA:
a) Vzemite veliko skledo.
b) V skledo dodamo poper, limonin poper, svež koper, posušen origano in sol.
c) Vse sestavine dobro premešamo.
d) V skledo dodajte koščke piščanca, orzo, olivno olje in špinačo.
e) Sestavine dobro premešamo in dodamo sesekljan česen ter ostale sestavine.
f) Zmešajte vse sestavine obeh posod skupaj.
g) Zmes vlijemo v pomaščen pekač.
h) Orzo pečemo od petindvajset do trideset minut.
i) Ko je orzo pripravljen, ga odložite.
j) Jed je pripravljena za postrežbo.

55.Grška Spanakopita

SESTAVINE:
ZA TESTO:
- Dve skodelici večnamenske moke
- Dve čajni žlički fine morske soli
- Pol skodelice nesoljenega mehkega masla
- Dve celi jajci
- Četrtina skodelice ledene vode

ZA POLNJENJE:
- Ena skodelica feta sira
- Štiri jajca
- Pol čajne žličke sveže naribanega muškatnega oreščka
- Ščepec soli
- Ena žlica oljčnega olja
- Četrtina skodelice sesekljane čebule
- Ena čajna žlička mletega česna
- Ena žlica mleka
- Pol skodelice sesekljane špinače
- Ščepec mletega črnega popra

NAVODILA:
a) Vzemite veliko skledo.
b) V skledo dodajte moko in morsko sol.
c) Sestavine dobro premešamo in v skledo dodamo jajca, vodo in zmehčano maslo.
d) Vse sestavine dobro premešamo, da nastane testo.
e) Vzemite veliko ponev.
f) V ponev dodajte olivno olje.
g) Čebulo in česen dodajte, ko se olje segreje.
h) Čebulo pražimo toliko časa, da se zmehča.
i) Jajca zmiksamo in v ponev dodamo sesekljano špinačo.
j) Sestavine kuhamo toliko časa, da špinača oveni.
k) V ponev dodajte feta sir, mleko, črni poper, sol in sveže nariban muškatni orešček.
l) Sestavine kuhamo približno pet minut.
m) Ugasnemo štedilnik in pustimo, da se mešanica ohladi.
n) Testo razvaljamo in ga polovico položimo v okrogel pekač.
o) Kuhano zmes dodamo testu in zmes pokrijemo s preostalim delom testa.
p) Spanakopito pečemo približno dvajset do petindvajset minut.
q) Ko je spanakopita pripravljena, jo postrežemo.

56.Grške pite s sirom (Tiropita)

SESTAVINE:
- Četrtina skodelice grškega feta sira
- Ena skodelica sira gruyere
- Ena skodelica mleka
- Štiri cela jajca
- Četrtina skodelice sira Philadelphia
- pol skodelice stopljenega masla
- En paket ekoloških filo listov
- Ena vejica svežih listov timijana
- Dve žlici sezamovih semen
- Ščepec soli
- Ščepec sveže mletega črnega popra

NAVODILA:
a) Vzemite veliko ponev.
b) V ponev dodajte maslo in ga stopite.
c) V ponev dodajte sezamovo seme, jajca, sol in poper.
d) Jajca dobro skuhamo, nato pa v ponev dodamo timijan.
e) Jed kuhamo dve do tri minute in nato odcedimo.
f) Ko se zmes ohladi, dodajte mleko, sir Philadelphia, grški feta sir in sir gruyere.
g) Vse skupaj dobro premešamo.
h) Liste narežemo na želeno obliko in na sredino dodamo zgornjo mešanico.
i) Pite polagamo na pomaščen pekač.
j) Pekač postavimo v ogreto pečico.
k) Pite pečemo približno petinštirideset do petdeset minut.
l) Pite odložimo, ko dobijo zlato rjavo barvo.
m) Jed je pripravljena za postrežbo.

57.Grški počasi kuhani jagnječji giros

SESTAVINE:
- Štiri somune
- Pol skodelice zelenjavne juhe
- Četrtina skodelice limoninega soka
- Ena skodelica tzatziki omake
- Pol skodelice narezane rdeče čebule
- Pol skodelice narezanega paradižnika
- Pol skodelice zelene solate
- Ena žlica mletega česna
- Ena skodelica paradižnikove paste
- Dve žlici oljčnega olja
- Ena žlica česna v prahu
- Ena žlica posušenega timijana
- Pol čajne žličke mletega cimeta
- Dve žlici čilija v prahu
- Četrtina čajne žličke svežega muškatnega oreščka
- Ščepec morske soli
- Dve skodelici kosov jagnjetine

NAVODILA:
a) Vzemite veliko ponev.
b) V ponev dodajte oljčno olje in česen.
c) Dodajte origano, paradižnikovo pasto, dimljeno papriko, muškatni orešček, čili v prahu, timijan in sol.
d) V ponev dodajte zelenjavno juho, limonin sok in koščke jagnjetine.
e) Ugasnite kuhalnik in kuhajte približno trideset minut.
f) Sestavine dobro kuhamo približno petnajst minut.
g) Kruhke pečemo približno dve do tri minute.
h) Vmes zarežemo somune, da dobimo strukturo vrečke.
i) Kuhano zmes dodamo v kruh in obložimo s tzatziki omako, solato, narezanim paradižnikom in rdečo čebulo.

58. Grške jagnjetine polnjene bučke

SESTAVINE:
- Štiri žlice oljčnega olja
- Ena skodelica sesekljane čebule
- Ena čajna žlička cimeta
- Štiri sesekljan česen
- Četrtina skodelice rozin
- Šest bučk
- Dve skodelici jagnjetine
- Četrtina skodelice sesekljanih rozin
- Dve žlici pinjol
- Ena skodelica feta sira
- Sesekljani listi mete

NAVODILA:
a) Vzemite ponev.
b) V ponev dodajte olje.
c) V ponev dodamo vse sestavine razen mete, feta sira in bučk.
d) Sestavine dobro prekuhamo in nato zmeljemo.
e) Na vrh bučk dodajte pasto in jo pokrijte s feta sirom.
f) Bučke pečemo približno deset do petnajst minut.
g) Bučke izdolbemo in okrasimo z lističi mete.

59. Grška jagnjetina Kleftiko

SESTAVINE:
- Dve skodelici kosov jagnjetine
- Ena žlica svežega kopra
- Štiri čajne žličke oljčnega olja
- Ena čajna žlička posušenega origana
- Dva stroka sesekljanega česna
- Dve skodelici polnomastnega mleka
- Pet unč na soncu posušenih paradižnikov
- Ena skodelica zdrobljenega feta sira
- Ena čajna žlička limoninega popra
- Ena čajna žlička soli
- Ena čajna žlička popra

NAVODILA:
a) Vzemite veliko skledo.
b) V skledo dodamo poper, limonin poper, svež koper, posušen origano in sol.
c) Vse sestavine dobro premešamo.
d) V skledo dodamo koščke jagnjetine in olivno olje.
e) Sestavine dobro premešamo in dodamo sesekljan česen ter ostale sestavine.
f) Zmešajte vse sestavine obeh posod skupaj.
g) Zmes dodamo v pomaščen pekač.
h) Jagnječji kleftiko pečemo petindvajset do trideset minut.
i) Ko je kleftiko pripravljen, ga postrezite.
j) Jed je pripravljena za postrežbo.

60. Začinjeni jagnječji kotleti z dimljenimi jajčevci

SESTAVINE:
- Dve skodelici kosov jagnjetine
- Ena žlica svežega kopra
- Štiri čajne žličke oljčnega olja
- Ena čajna žlička posušenega origana
- Dve čajni žlički mešanice začimb
- Dva stroka sesekljanega česna
- Dve skodelici jajčevcev
- Ena skodelica zdrobljenega feta sira
- Ena čajna žlička limoninega popra
- Ena čajna žlička soli
- Ena čajna žlička popra

NAVODILA:
a) Vzemite veliko skledo.
b) V skledo dodamo papriko, koščke jajčevca, mešanico začimb, limonino papriko, svež koper, posušen origano in sol.
c) Vse sestavine dobro premešamo.
d) V skledo dodamo koščke jagnjetine in olivno olje.
e) Sestavine dobro premešamo in dodamo sesekljan česen ter ostale sestavine.
f) Zmešajte vse sestavine obeh posod skupaj.
g) Zmes dodamo v pomaščen pekač.
h) Jagnjetino in jajčevce pečemo na žaru petindvajset do trideset minut.
i) Ko je jagnjetina in jajčevci pripravljena, jo postrežemo.
j) Jed je pripravljena za postrežbo.

61. Grški aborigini in jagnjetina

SESTAVINE:
- Ena žlica mletega česna
- Dve žlici sveže sesekljanega kopra
- Ena skodelica feta sira
- Dve skodelici jagnjetine
- Ščepec soli
- Ščepec mletega črnega popra
- Ena skodelica koščkov jajčevca
- Dve žlici oljčnega olja
- Tri skodelice mlade špinače
- Dve skodelici rdečerjavega krompirja
- Ena skodelica sesekljane čebule
- Dve skodelici paradižnikove omake
- Dve skodelici bešamela

NAVODILA:
a) Vzemite veliko skledo.
b) V skledo dodamo jajčevce, jagnjetino, krompir, mlado špinačo.
c) V skledo zmešajte olivno olje, sol in zdrobljen črni poper.
d) Sestavine pečemo v pečici približno dvajset minut.
e) Vzemite veliko ponev.
f) V ponev dodajte oljčno olje in čebulo.
g) Čebulo pražimo toliko časa, da se zmehča.
h) V ponev dodamo sesekljan česen.
i) Sestavine dobro prekuhajte.
j) V ponev dodajte feta sir, sol in črni poper.
k) Vse sestavine dobro premešamo in jim dodamo sesekljan koper
l) ponev.
m) V ponev dodamo pečeno jagnjetino in zelenjavo ter premešamo
n) vse dobro.
o) Na vrh zelenjavne mešanice dodajte paradižnikovo omako in bešamel.
p) Pečemo še deset minut.

62. Grška zelena solata z marinirano feto

SESTAVINE:
ZA PRELIV:
- Pol čajne žličke košer soli
- Dve čajni žlički sveže mletega črnega popra
- Četrtina skodelice rdečega vinskega kisa
- Pol skodelice oljčnega olja
- Dve žlici mletega česna
- Dve čajni žlički svežega origana
- Pol čajne žličke posušenega origana

ZA SOLATO:
- Ena skodelica mariniranega feta sira
- Pol kilograma rezin kruha
- Pol čajne žličke mletega česna
- Dve žlici oljčnega olja
- Pol skodelice oliv Kalamata
- Ena skodelica rdeče-oranžne paprike
- Ena skodelica angleške kumare
- Ena skodelica češnjevih paradižnikov

NAVODILA:
a) Vzemite majhno skledo.
b) Vanj dodajte oljčno olje in nasekljan česen.
c) Dobro premešamo in namažemo na kruhove rezine.
d) Rezine kruha postrežemo, ko so pečene.
e) Vzemite veliko skledo.
f) V skledo dodajte angleško kumaro, olive Kalamata, rdeče-oranžno papriko, češnjeve paradižnike in mariniran feta sir.
g) Vse dobro premešamo in odstavimo.
h) Vzemite majhno skledo.
i) Dodajte oljčno olje, rdeči vinski kis, košer sol, mleti česen, sveže zdrobljen črni poper, svež origano in posušen origano.
j) Vse skupaj dobro premešamo.
k) S tem prelivom prelijemo pripravljeno solato.
l) Vse dobro premešamo in zraven dodamo popečene rezine kruha.

63.Grške jagnjetine pitas

SESTAVINE:
- Dve žlici oljčnega olja
- Dve rezini pita kruha
- Dve veliki jajci
- En zrel češnjev paradižnik
- Dve skodelici kosov jagnjetine
- Ena skodelica sesekljane čebule
- Pol skodelice sesekljane bazilike
- Četrtina skodelice zdrobljenega feta sira
- Ščepec soli
- Ščepec črnega popra
- Šopek sesekljanega cilantra

NAVODILA:
a) Vzemite veliko ponev.
b) V ponev dodajte olivno olje.
c) V ponev dodajte čebulo in sol.
d) Čebulo dobro prepražimo in nato v ponev dodamo črni poper.
e) V mešanico dodajte koščke jagnjetine.
f) V zmes dodamo sesekljano baziliko.
g) Sestavine dobro kuhamo približno petnajst minut.
h) Postrezite, ko so kosi jagnjetine pečeni.
i) Pustimo, da se meso ohladi, nato pa mu dodamo nadrobljen feta sir.
j) Dobro premešaj.
k) Pita kruhke segrejte.
l) V kruhu izrežemo luknjo in vanjo dodamo kuhano mešanico.
m) Kruh okrasite s sesekljanim cilantrom.

64. Mediteranski pečeni losos

SESTAVINE:
ZA PEČENEGA LOSOSA:
- 2 fileja lososa (6 unč vsak)
- 2 stroka česna, nasekljana
- 2 žlici ekstra deviškega oljčnega olja
- 1 limona, iztisnjen sok
- 1 čajna žlička posušenega origana
- Sol in poper po okusu

ZA GRŠKO SOLATO:
- 1 kumara, narezana na kocke
- 1 skodelica češnjevih paradižnikov, prepolovljena
- ½ rdeče čebule, drobno sesekljane
- ¼ skodelice oliv Kalamata, brez koščic in narezanih
- ¼ skodelice zdrobljenega feta sira
- 2 žlici ekstra deviškega oljčnega olja
- 2 žlici rdečega vinskega kisa
- 1 čajna žlička posušenega origana
- Sol in poper po okusu

NAVODILA:
ZA PEČENEGA LOSOSA:
a) Pečico segrejte na 375 °F (190 °C).
b) V majhni skledi zmešajte sesekljan česen, ekstra deviško oljčno olje, limonin sok, posušen origano, sol in poper.
c) Lososove fileje položite na pekač, obložen s pergamentnim papirjem.
d) Lososa premažite z mešanico limone in česna.
e) Pečemo 15-20 minut ali dokler se losos zlahka ne razkosmi z vilicami.

ZA GRŠKO SOLATO:
f) V veliki skledi za solato zmešajte na kocke narezano kumaro, češnjev paradižnik, rdečo čebulo, olive Kalamata in nadrobljen feta sir.
g) V majhni skledi zmešajte ekstra deviško oljčno olje, rdeči vinski kis, posušen origano, sol in poper.
h) Preliv pokapajte po solati in premešajte, da se združi.
i) Pečenega lososa postrežemo zraven grške solate.

65. Mediteranska kvinoja polnjena paprika

SESTAVINE:
- 4 velike paprike (poljubne barve)
- 1 skodelica kvinoje
- 2 skodelici vode
- 1 pločevinka (15 unč) čičerike, odcejene in oprane
- ½ skodelice narezanega paradižnika
- ¼ skodelice sesekljanega svežega peteršilja
- ¼ skodelice zdrobljenega feta sira
- 2 žlici ekstra deviškega oljčnega olja
- 1 žlica limoninega soka
- 1 čajna žlička posušenega origana
- Sol in poper po okusu
- Listi bazilike, za okras

NAVODILA:
a) Pečico segrejte na 375 °F (190 °C).
b) Papriki odrežemo vrhove in odstranimo semena in membrane.
c) V ponvi zmešajte kvinojo in vodo, zavrite in nato zmanjšajte vrelišče. Pokrijte in kuhajte približno 15 minut oziroma dokler se voda ne vpije.
d) V skledi zmešamo kuhano kvinojo, čičeriko, na kocke narezan paradižnik, sesekljan svež peteršilj in nadrobljen feta sir.
e) Mešanici kvinoje dodajte ekstra deviško oljčno olje, limonin sok, posušen origano, sol in poper. Dobro premešaj.
f) Papriko nadevajte z mešanico kvinoje in čičerike.
g) Polnjene paprike položimo v pekač, pokrijemo z aluminijasto folijo in pečemo približno 30 minut.
h) Odstranite folijo in pecite dodatnih 10 minut oziroma dokler se paprike ne zmehčajo in vrhovi rahlo porjavijo.
i) Postrezite, okrasite z listi bazilike.

66.Mediteranska enolončnica iz leče in zelenjave

SESTAVINE:
- 1 skodelica zelene ali rjave leče, oprane in odcejene
- 4 skodelice zelenjavne juhe
- 2 korenčka, narezana na kocke
- 2 stebli zelene, narezani na kocke
- 1 čebula, drobno sesekljana
- 2 stroka česna, nasekljana
- 1 pločevinka (15 unč) narezanega paradižnika
- 1 čajna žlička posušenega origana
- 1 čajna žlička posušenega timijana
- Sol in poper po okusu
- 2 žlici ekstra deviškega oljčnega olja
- Svež peteršilj za okras 1 skodelica mlade špinače

NAVODILA:
a) V velikem loncu na srednjem ognju segrejte ekstra deviško oljčno olje.
b) Dodamo sesekljano čebulo, korenje in zeleno. Pražimo približno 5 minut, dokler se ne začnejo mehčati.
c) Vmešajte sesekljan česen, posušen origano in posušen timijan. Kuhajte še eno minuto.
d) Dodamo lečo, zelenjavno juho in na kocke narezan paradižnik. Zavremo.
e) Zmanjšajte ogenj, pokrijte in dušite približno 25-30 minut oziroma dokler se leča ne zmehča.
f) Tik preden postrežemo, vmešamo špinačo, dokler ne oveni.
g) Začinimo s soljo in poprom po okusu.
h) Mediteransko enolončnico iz leče in zelenjave postrežemo vročo, okraseno s svežim peteršiljem.

67. Zelenjava na žaru in Halloumi nabodala

SESTAVINE:
ZA NAŽIDILA:
- 1 rdeča paprika, narezana na kocke
- 1 rumena paprika, narezana na kocke
- 1 bučka, narezana na kolobarje
- 1 rdeča čebula, narezana na koščke
- 8 češnjevih paradižnikov
- 8 lesenih nabodal, namočenih v vodo
- 8 unč sira halloumi, narezanega na kocke

ZA MARINADO:
- 2 žlici ekstra deviškega oljčnega olja
- 2 žlici limoninega soka
- 1 čajna žlička posušenega origana
- Sol in poper po okusu

NAVODILA:
a) Predgrejte žar na srednje visoko temperaturo.
b) Na namočena lesena nabodala izmenično nanizajte papriko, bučko, rdečo čebulo, češnjeve paradižnike in sir halloumi.
c) V majhni skledi zmešajte ekstra deviško oljčno olje, limonin sok, posušen origano, sol in poper, da dobite marinado.
d) Nabodala premažite z marinado.
e) Nabodala pecite na žaru približno 3-4 minute na vsako stran ali dokler se zelenjava ne zmehča in sir halloumi rahlo porjavi.

68. Mediteranska prepražena kozica in špinača

SESTAVINE:
- 8 unč velikih kozic, olupljenih in razrezanih
- 2 žlici ekstra deviškega oljčnega olja
- 2 stroka česna, nasekljana
- 6 skodelic sveže špinače
- ½ skodelice češnjevih paradižnikov, prepolovljenih
- 1 žlica limoninega soka
- ½ čajne žličke posušenega origana
- Sol in poper po okusu
- 1 do 2 po dolžini razpolovljeni bučki, narezani na ½ lune
- 1 skodelica kuhane čičerike iz konzervirane čičerike, odcejene
- Krhlji feta sira (neobvezno)
- Pest svežih listov bazilike, natrganih

NAVODILA:
a) V veliki ponvi segrejte ekstra deviško oljčno olje na srednje močnem ognju.
b) Dodamo sesekljan česen in pražimo približno 30 sekund, da zadiši.
c) Dodajte rezine bučk in kuhajte 3-4 minute oziroma dokler se ne začnejo mehčati in rahlo porjaveti.
d) Bučko potisnemo ob stran ponve in dodamo kozico.
e) Pecite 2-3 minute na vsaki strani ali dokler ne postanejo rožnate in neprozorne.
f) V ponev dodajte čičeriko, češnjeve paradižnike in svežo špinačo. Pražimo toliko časa, da špinača oveni in se paradižniki zmehčajo.
g) Pokapljamo z limoninim sokom in potresemo s posušenim origanom, soljo in poprom.
h) Premešajte, da se združi in kuhajte še dodatno minuto.
i) Pred serviranjem po želji potresemo z drobtin feta sira in natrganimi lističi sveže bazilike.

GRŠKA VEGETARIJANSKA

69. Grški Jackfruit Gyros

SESTAVINE:
- Štiri somune
- Pol skodelice zelenjavne juhe
- Četrtina skodelice limoninega soka
- Ena skodelica tzatziki omake
- Pol skodelice narezane rdeče čebule
- Pol skodelice narezanega paradižnika
- Pol skodelice zelene solate
- Ena žlica mletega česna
- Ena skodelica paradižnikove paste
- Dve žlici oljčnega olja
- Ena žlica česna v prahu
- Ena žlica posušenega timijana
- Pol čajne žličke mletega cimeta
- Dve žlici čilija v prahu
- Četrtina čajne žličke svežega muškatnega oreščka
- Ščepec morske soli
- Dve skodelici kosov kruhovca

NAVODILA:
a) Vzemite veliko ponev.
b) V ponev dodajte oljčno olje in česen.
c) Dodajte origano, paradižnikovo pasto, dimljeno papriko, muškatni orešček, čili v prahu, timijan in sol.
d) V ponev dodajte zelenjavno juho, limonin sok in koščke kruhovca.
e) Sestavine dobro kuhamo približno pet minut.
f) Kruhke pečemo približno dve do tri minute.
g) Vmes zarežemo somune, da dobimo strukturo vrečke.
h) Kuhano zmes dodamo v kruh in obložimo s tzatziki omako, solato, narezanim paradižnikom in rdečo čebulo.

70.grška veganska skordalija

SESTAVINE:
- Četrtina skodelice mandljevega obroka
- Pol skodelice oljčnega olja
- En rdečerjav krompir
- Dve žlici limoninega soka
- Dve žlički rdečega vinskega kisa
- Deset strokov sesekljanega česna
- Pol čajne žličke soli

NAVODILA:
a) Vzemite ponev.
b) V ponvi skuhamo krompir.
c) Ko je krompir končan, ga odcedimo.
d) Krompir pretlačimo.
e) Krompirjevemu pireju dodajte česen, limonin sok, mandljevo moko, sol, rdeči vinski kis in olivno olje.
f) Vse skupaj dobro premešamo.

71.Grška orzo testeninska solata z vegansko feto

SESTAVINE:
- Ena sesekljana rdeča čebula
- Osem unč orzo testenin
- Pol skodelice oliv Kalamata
- Dve skodelici češnjevih paradižnikov
- Pol skodelice sesekljanega peteršilja
- Dve skodelici veganskega sira
- Ena sesekljana kumara
- Ena skodelica limoninega preliva

NAVODILA:
a) Vzemite ponev in vanjo dodajte vodo.
b) Zavremo vodo in vanjo dodamo orzo testenine.
c) Ko so orzo testenine odcedimo.
d) Preostale sestavine dodajte v testenine.
e) Vse skupaj dobro premešamo.

72.Gyros iz grške čičerike

SESTAVINE:
- Štiri somune
- Pol skodelice zelenjavne juhe
- Četrtina skodelice limoninega soka
- Ena skodelica tzatziki omake
- Pol skodelice narezane rdeče čebule
- Pol skodelice narezanega paradižnika
- Pol skodelice zelene solate
- Ena žlica mletega česna
- Ena skodelica paradižnikove paste
- Dve žlici oljčnega olja
- Ena žlica česna v prahu
- Ena žlica posušenega timijana
- Pol čajne žličke mletega cimeta
- Dve žlici čilija v prahu
- Četrtina čajne žličke svežega muškatnega oreščka
- Ščepec morske soli
- Dve skodelici kosov čičerike

NAVODILA:
a) Vzemite veliko ponev.
b) V ponev dodajte oljčno olje in česen.
c) Dodajte origano, paradižnikovo pasto, dimljeno papriko, muškatni orešček, čili v prahu, timijan in sol.
d) V ponev dodajte zelenjavno juho, limonin sok in koščke čičerike.
e) Sestavine dobro kuhamo približno dvajset minut.
f) Kruhke pečemo približno dve do tri minute.
g) Vmes zarežemo somune, da dobimo strukturo vrečke.
h) Kuhano zmes dodamo v kruh in obložimo s tzatziki omako, solato, narezanim paradižnikom in rdečo čebulo.

73. Grška vegetarijanska musaka

SESTAVINE:
- Ena žlica mletega česna
- Dve žlici sveže sesekljanega kopra
- Ena skodelica feta sira
- Dve skodelici koščkov bučk
- Ščepec soli
- Ščepec mletega črnega popra
- Ena skodelica kosov jajčevca
- Dve žlici oljčnega olja
- Tri skodelice mlade špinače
- Dve skodelici rdečerjavega krompirja
- Ena skodelica sesekljane čebule
- Dve skodelici paradižnikove omake
- Dve skodelici bešamela

NAVODILA:
a) Vzemite veliko skledo.
b) V skledo dodamo jajčevce, koščke bučk, krompir, mlado špinačo.
c) V skledo zmešajte olivno olje, sol in zdrobljen črni poper.
d) Sestavine pečemo v pečici približno dvajset minut.
e) Vzemite veliko ponev.
f) V ponev dodajte oljčno olje in čebulo.
g) Čebulo pražimo toliko časa, da se zmehča.
h) V ponev dodamo sesekljan česen.
i) Sestavine dobro prekuhajte.
j) V ponev dodajte feta sir, sol in črni poper.
k) Vse sestavine dobro premešamo in jim dodamo sesekljan koper
l) ponev.
m) V ponev dodamo pečeno zelenjavo in vse skupaj premešamo
n) dobro.
o) Na vrh zelenjavne mešanice dodajte paradižnikovo omako in bešamel.
p) Pečemo še deset minut.

74. Grške pečene bučke in krompir

SESTAVINE:
- Pol skodelice sesekljanega peteršilja
- Dve žlici listov origana
- Ena žlica rožmarinovih listov
- Dve žlici peteršiljevih listov
- Pol skodelice sesekljane čebule
- Dve žlici oljčnega olja
- Pol skodelice listov bazilike
- Ena skodelica rdeče paprike
- Ena žlica zdrobljene rdeče paprike
- Pol čajne žličke listov komarčka
- Ščepec košer soli
- Ščepec črnega popra
- Ena skodelica kosov jajčevca
- Ena skodelica koščkov bučk
- Ena skodelica sesekljanega drobnjaka
- Ena skodelica češnjevih paradižnikov
- Pol skodelice slanih poletnih vejic
- Dve žlici mletega česna
- Dve žlici posušenega timijana

NAVODILA:
a) Vzemite veliko ponev.
b) Vanj dodajte oljčno olje in sesekljano čebulo.
c) Čebulo pražimo toliko časa, da postane svetlo rjave barve.
d) V ponev dodamo sesekljan česen.
e) Mešanico kuhajte pet minut.
f) Mešanico začinimo s soljo in poprom.
g) Dodamo začimbe in vso zelenjavo.
h) V skledo zmečkamo češnjeve paradižnike in jih posolimo.
i) Mešanico stresemo na krožnik, ko je zelenjava pečena.
j) V ponev dodamo zdrobljen paradižnik.
k) Paradižnike kuhamo deset minut oziroma toliko časa, da se zmehčajo.
l) V ponev ponovno dodajte zelenjavno mešanico.
m) V pekač dodamo preostale sestavine in pečemo približno petnajst minut.

75. Grški vegetarijanski riž

SESTAVINE:
- Tri skodelice sesekljane mešane zelenjave
- Dve čajni žlički limoninega soka
- Pol skodelice sesekljane čebule
- Dve žlici mletega česna
- Dve žlici oljčnega olja
- Ščepec soli
- Ščepec črnega popra
- Četrtina skodelice posušene mete
- Dve žlici sesekljanega svežega kopra
- Dva kilograma riževih zrn
- Dve skodelici paradižnikove paste
- Dve skodelici vode

NAVODILA:
a) Vzemite veliko ponev.
b) V ponev dodajte vodo in jo začinite s soljo.
c) Zavremo vodo in nato vanjo dodamo riž.
d) Riž skuhamo in ga nato odcedimo.
e) Vzemite veliko ponev.
f) Dodamo olivno olje in ga dobro segrejemo.
g) V ponev dodamo sesekljano čebulo in jo pražimo, dokler ne postane mehka in zadiši.
h) V ponev dodamo sesekljan česen.
i) V ponev dodajte zelenjavo, paradižnikovo pasto, limonin sok, sol in zdrobljen črni poper.
j) Sestavine kuhamo približno deset minut.
k) V ponev dodamo kuhan riž in dobro premešamo.
l) V ponev dodamo posušeno meto in sesekljan koper.
m) Na vrh ponve postavite pokrov.
n) Riž kuhamo približno pet minut na majhnem ognju.

76.Grški Gigantes Plaki

SESTAVINE:
- Štiri žlice drobno sesekljane zelene
- Pol skodelice vrele vode
- Dve skodelici drobno sesekljanega paradižnika
- Ena čajna žlička posušenih listov origana
- Ščepec sveže mletega črnega popra
- Ščepec košer soli
- Pol skodelice oljčnega olja
- Dve žlici mletega česna
- Dve skodelici gigantes plaki
- Pol skodelice sesekljane čebule
- Štiri žlice drobno sesekljanega peteršilja

NAVODILA:
a) Vzemite ponev.
b) Dodajte oljčno olje in čebulo.
c) Čebulo kuhamo toliko časa, da postane mehka in zadiši.
d) V ponev dodamo sesekljan česen.
e) Mešanico prekuhamo in ji dodamo paradižnik.
f) Posodo pokrijemo s pokrovko.
g) Paradižnik kuhamo toliko časa, da se zmehča.
h) V ponev dodajte fižol.
i) Kuhajte pet minut.
j) V ponev dodajte vodo, sol in črni poper.
k) Sestavine previdno premešamo in ponev pokrijemo.
l) Ko je fižol kuhan, ga odcedimo.
m) Po vrhu jed okrasimo s sesekljanimi listi zelene in peteršilja.

77. Grški paradižnikovi ocvrti

SESTAVINE:
- Ena skodelica narezanih paradižnikov
- Ena skodelica rdeče čebule
- Ena skodelica gramske moke
- Ščepec soli
- Dve žlici mešanice začimb
- Pol skodelice sesekljanega kopra
- Pol skodelice sesekljanega cilantra
- Rastlinsko olje

NAVODILA:
a) Vzemite veliko skledo.
b) Vse skupaj dodamo v skledo in dobro premešamo.
c) V skledo dodajte vodo, da nastane zmes.
d) Segrejte ponev in vanjo dodajte rastlinsko olje.
e) V ponev previdno dodamo žlico mase in jih kuhamo nekaj minut.
f) Posujte ga, ko se ocvrtki obarvajo svetlo rjavo.

78. Grški čičerikini ocvrti

SESTAVINE:
- Ena skodelica kuhane čičerike
- Ena skodelica rdeče čebule
- Ena skodelica gramske moke
- Ščepec soli
- Dve žlici mešanice začimb
- Pol skodelice sesekljanega kopra
- Pol skodelice sesekljanega cilantra
- Rastlinsko olje

NAVODILA:
a) Vzemite veliko skledo.
b) Vse skupaj dodamo v skledo in dobro premešamo.
c) V skledo dodajte vodo, da nastane zmes.
d) Segrejte ponev in vanjo dodajte rastlinsko olje.
e) V ponev previdno dodamo žlico mase in jih kuhamo nekaj minut.
f) Posujte ga, ko se ocvrtki obarvajo svetlo rjavo.

79.Grška enolončnica iz belega fižola

SESTAVINE:
- Ena skodelica sesekljane čebule
- Ena skodelica sesekljanega peteršilja
- Ena skodelica zelenjavne osnove
- Ena skodelica vode
- Ščepec soli
- Ščepec črnega popra
- Dve žlici oljčnega olja
- En funt belega fižola
- Pol žlice sesekljanega česna
- Dve skodelici narezanih paradižnikov
- Pol skodelice sesekljanega svežega timijana
- Pol skodelice sesekljanega svežega origana
- Pol skodelice sesekljanega svežega drobnjaka
- Ena čajna žlička mešanice začimb v prahu
- Pol čajne žličke prekajene paprike
- En lovorjev list

NAVODILA:
a) Vzemite veliko ponev.
b) Vanj dodajte sesekljano čebulo in olivno olje.
c) Sestavine dobro premešamo.
d) V ponev dodamo sesekljan česen.
e) V ponev dodamo paradižnik, origano, lovorov list, sol, črni poper, timijan, dimljeno papriko, zmešamo začimbe v prahu in drobnjak.
f) Sestavine dobro prekuhajte.
g) V mešanico dodajte beli fižol.
h) V ponev dodamo zelenjavno osnovo in vodo.
i) Enolončnico dobro premešamo.
j) Na vrh ponve postavite pokrov.
k) Enolončnico kuhamo deset do petnajst minut.
l) Enolončnico postrežemo, ko je fižol pečen.
m) Po vrhu jed okrasimo s sesekljanim peteršiljem.

80.Grška vegetarijanka Bamie s

SESTAVINE:
- Ena skodelica sesekljane čebule
- Ena skodelica sesekljanega peteršilja
- Ena skodelica zelenjavne osnove
- Ena skodelica vode
- Ščepec soli
- Ščepec črnega popra
- Dve žlici oljčnega olja
- En funt okra
- Pol žlice sesekljanega česna
- Dve skodelici narezanih paradižnikov
- Pol skodelice sesekljanega svežega timijana
- Pol skodelice sesekljanega svežega origana
- Pol skodelice sesekljanega svežega drobnjaka
- Ena čajna žlička mešanice začimb v prahu
- Pol čajne žličke prekajene paprike
- En lovorjev list

NAVODILA:
a) Vzemite veliko ponev.
b) Vanj dodajte sesekljano čebulo in olivno olje.
c) Sestavine dobro premešamo.
d) V ponev dodamo sesekljan česen.
e) V ponev dodamo paradižnik, origano, lovorov list, sol, črni poper, timijan, dimljeno papriko, zmešamo začimbe v prahu in drobnjak.
f) Sestavine dobro prekuhajte.
g) Dodajte koščke okra v mešanico.
h) V ponev dodamo zelenjavno osnovo in vodo.
i) Enolončnico dobro premešamo.
j) Na vrh ponve postavite pokrov.
k) Enolončnico kuhamo deset do petnajst minut.
l) Enolončnico postrežemo, ko je zelenjava pečena.
m) Po vrhu jed okrasimo s sesekljanim peteršiljem.

81. Grške zelenjavne sklede na žaru

SESTAVINE:
- Ena sesekljana rdeča čebula
- Ena skodelica kosov jajčevca
- Ena skodelica koščkov bučk
- Dve skodelici češnjevih paradižnikov
- Pol skodelice sesekljanega peteršilja
- Dve skodelici feta sira
- Ena skodelica paprike
- Ena skodelica gob
- Ena skodelica limoninega preliva

NAVODILA:
a) Vzamemo ponev za žar in vanjo dodamo oljčno olje.
b) Na njem popečemo zelenjavo.
c) Ko je zelenjava končana, odstranite.
d) Preostale sestavine dodajte zelenjavi.
e) Vse skupaj dobro premešamo.

82. Zelenjavne kroglice s tahinijevo limonino omako

SESTAVINE:
- Ena sesekljana rdeča čebula
- Dva mleta stroka česna
- Ščepec soli
- Ščepec črnega popra
- Pol skodelice listov mete
- Dve skodelici naribane mešane zelenjave
- Pol čajne žličke origana
- Eno jajce
- Dve žlici oljčnega olja
- Ena skodelica tahini limonine omake

NAVODILA:
a) Vzemite veliko skledo.
b) V skledo dodamo naribano mešano zelenjavo, začimbe, meto, čebulo, česen in jajca.
c) Vse sestavine dobro premešamo in oblikujemo okrogle kroglice.
d) Zelenjavne kroglice ocvremo na oljčnem olju, dokler ne postanejo zlato rjave barve.
e) Izpraznite kroglice.
f) Zraven postrezite kroglice s tahinijevo limonino omako.

83. Grška pečena zelenjava

SESTAVINE:
- Pol skodelice sesekljanega peteršilja
- Dve žlici listov origana
- Ena žlica rožmarinovih listov
- Dve žlici peteršiljevih listov
- Pol skodelice sesekljane čebule
- Dve žlici oljčnega olja
- Pol skodelice listov bazilike
- Ena žlica zdrobljene rdeče paprike
- Pol čajne žličke listov komarčka
- Ščepec košer soli
- Ščepec črnega popra
- Tri skodelice kosov mešane zelenjave
- Ena skodelica sesekljanega drobnjaka
- Ena skodelica češnjevih paradižnikov
- Pol skodelice slanih poletnih vejic
- Dve žlici mletega česna
- Dve žlici posušenega timijana

NAVODILA:
a) Vzemite veliko ponev.
b) Vanj dodajte oljčno olje in sesekljano čebulo.
c) Čebulo pražimo toliko časa, da postane svetlo rjave barve.
d) V ponev dodamo sesekljan česen.
e) Mešanico kuhajte pet minut.
f) Mešanico začinimo s soljo in poprom.
g) Dodamo začimbe in vso zelenjavo.
h) V skledo zmečkamo češnjeve paradižnike in jih posolimo.
i) Mešanico stresemo na krožnik, ko je zelenjava pečena.
j) V ponev dodamo zdrobljen paradižnik.
k) Paradižnike kuhamo deset minut oziroma toliko časa, da se zmehčajo.
l) V ponev ponovno dodajte zelenjavno mešanico.
m) V pekač dodamo preostale sestavine in pečemo približno petnajst minut.

84. Grški A ube igine in paradižnikova enolončnica

SESTAVINE:
- Ena skodelica sesekljane čebule
- Ena skodelica sesekljanega peteršilja
- Ena skodelica zelenjavne osnove
- Ena skodelica vode
- Ščepec soli
- Ščepec črnega popra
- Dve žlici oljčnega olja
- En funt aborigina
- Pol žlice sesekljanega česna
- Dve skodelici narezanih paradižnikov
- Pol skodelice sesekljanega svežega timijana
- Pol skodelice sesekljanega svežega origana
- Pol skodelice sesekljanega svežega drobnjaka
- Ena čajna žlička mešanice začimb v prahu
- Pol čajne žličke prekajene paprike
- En lovorjev list

NAVODILA:
a) Vzemite veliko ponev.
b) Vanj dodajte sesekljano čebulo in olivno olje.
c) Sestavine dobro premešamo.
d) V ponev dodamo sesekljan česen.
e) V ponev dodamo paradižnik, origano, lovorov list, sol, črni poper, timijan, dimljeno papriko, zmešamo začimbe v prahu in drobnjak.
f) Sestavine dobro prekuhajte.
g) V mešanico dodajte aborigine.
h) V ponev dodamo zelenjavno osnovo in vodo.
i) Enolončnico dobro premešamo.
j) Na vrh ponve postavite pokrov.
k) Enolončnico kuhamo deset do petnajst minut.
l) Enolončnico postrežemo, ko je zelenjava pečena.
m) Po vrhu jed okrasimo s sesekljanim peteršiljem.

85. grški avokado tartine

SESTAVINE:
- Pol skodelice limoninega soka
- Štiri rezine Tartine kruha
- Pol skodelice češnjevih paradižnikov
- Pol skodelice ekstra deviškega oljčnega olja
- Pol skodelice zdrobljenega sira
- Zdrobljeni rdeči čiliji
- Četrtina skodelice kopra
- Dve skodelici sesekljanega avokada
- Ščepec soli
- Ščepec črnega popra

NAVODILA:
a) Vzemite veliko skledo.
b) Dodajte vse sestavine razen rezin kruha.
c) Zmešajte vse sestavine.
d) Popečemo rezine kruha tartine
e) Z mešanico namažite rezine kruha.

86.Grški špinačni riž

SESTAVINE:
- Tri skodelice sesekljane špinače
- Dve čajni žlički limoninega soka
- Pol skodelice sesekljane čebule
- Dve žlici mletega česna
- Dve žlici oljčnega olja
- Ščepec soli
- Ščepec črnega popra
- Četrtina skodelice posušene mete
- Dve žlici sesekljanega svežega kopra
- Dva kilograma riževih zrn
- Dve skodelici paradižnikove paste
- Dve skodelici vode

NAVODILA:
a) Vzemite veliko ponev.
b) V ponev dodajte vodo in jo začinite s soljo.
c) Zavremo vodo in nato vanjo dodamo riž.
d) Riž skuhamo in ga nato odcedimo.
e) Vzemite veliko ponev.
f) Dodamo olivno olje in ga dobro segrejemo.
g) V ponev dodamo sesekljano čebulo in jo pražimo, dokler ne postane mehka in zadiši.
h) V ponev dodamo sesekljan česen.
i) V ponev dodajte špinačo, paradižnikovo pasto, limonin sok, sol in zdrobljen črni poper.
j) Sestavine kuhamo približno deset minut.
k) V ponev dodamo kuhan riž in dobro premešamo.
l) V ponev dodamo posušeno meto in sesekljan koper.
m) Na vrh ponve postavite pokrov.
n) Riž kuhamo približno pet minut na majhnem ognju.

87. Grška juha Avgolemono

SESTAVINE:
- Pol skodelice sesekljanega svežega timijana
- Pol skodelice sesekljanega svežega origana
- Pol skodelice sesekljanega svežega drobnjaka
- Ena čajna žlička mešanice začimb v prahu
- Pol čajne žličke prekajene paprike
- En lovorjev list
- Ščepec soli
- Ščepec črnega popra
- Dve žlici oljčnega olja
- En funt kosov piščanca
- Pol žlice sesekljanega česna
- Dve skodelici narezanih paradižnikov
- Ena skodelica sesekljane čebule
- Ena skodelica sesekljanega peteršilja
- Ena skodelica zelenjavne osnove
- Ena skodelica vode
- Pol skodelice limoninega soka

NAVODILA:
a) Vzemite veliko ponev.
b) Vanj dodajte sesekljano čebulo in olivno olje.
c) Sestavine dobro premešamo.
d) V ponev dodamo sesekljan česen.
e) V ponev dodamo paradižnik, origano, lovorov list, sol, črni poper, timijan, dimljeno papriko, zmešamo začimbe v prahu in drobnjak.
f) Sestavine dobro prekuhajte.
g) Mešanici dodajte koščke piščanca in limonin sok.
h) V ponev dodamo zelenjavno osnovo in vodo.
i) Juho dobro premešamo.
j) Na vrh ponve postavite pokrov.
k) Juho kuhamo deset do petnajst minut.
l) Juho postrežemo, ko so kosi piščanca gotovi.
m) Po vrhu jed okrasimo s sesekljanim peteršiljem.

88.Grške zelenjavne pitas

SESTAVINE:
- Dve žlici oljčnega olja
- Dva kosa pita kruha
- Dve veliki jajci
- En zrel češnjev paradižnik
- Dve skodelici mešane zelenjave
- Ena skodelica sesekljane čebule
- Pol skodelice sesekljane bazilike
- Četrtina skodelice zdrobljenega feta sira
- Ščepec soli
- Ščepec črnega popra
- Šopek sesekljanega cilantra

NAVODILA:
a) Vzemite veliko ponev.
b) V ponev dodajte olivno olje.
c) V ponev dodajte čebulo in sol.
d) Čebulo dobro prepražimo in nato v ponev dodamo črni poper.
e) V zmes dodamo mešano zelenjavo.
f) V zmes dodamo sesekljano baziliko.
g) Sestavine dobro kuhamo približno petnajst minut.
h) Posodo vzamemo, ko je zelenjava končana.
i) Pustimo, da se meso ohladi, nato pa mu dodamo nadrobljen feta sir.
j) Dobro premešaj.
k) Segrejte pita kruh.
l) V kruhu izrežemo luknjo in vanjo dodamo kuhano mešanico.
m) Kruh okrasite s sesekljanim cilantrom.

GRŠKA SLADICA

89. Grški masleni piškoti

SESTAVINE:
- Pol čajne žličke muškatnega oreščka
- Ena čajna žlička ekstrakta vanilije
- Tri in pol skodelice moke
- Pol skodelice sladkorja
- Skodelica soljenega masla
- Ena žlica kvasa
- Dve veliki jajci
- Pol čajne žličke košer soli

NAVODILA:
a) Vzemite veliko skledo.
b) Dodajte suhe sestavine v skledo.
c) Vse sestavine dobro premešamo.
d) V posodo z dvema žlicama vroče vode dodajte beli sladkor in kvas.
e) Kvasno zmes postavimo na vlažno mesto.
f) V mokre sestavine dodajte maslo.
g) Dodajte mešanico kvasa in jajca v zmes za piškote.
h) Nastalo zmes stresemo v cevno vrečko.
i) Na pekač oblikujemo majhne okrogle piškote in piškote spečemo.
j) Ko so piškoti pripravljeni, jih potresemo.
k) Jed je pripravljena za postrežbo.

90.Grški medeni piškot s

SESTAVINE:
- Pol čajne žličke muškatnega oreščka
- Ena čajna žlička ekstrakta vanilije
- Tri in pol skodelice moke
- Pol skodelice medu
- Pol skodelice olja
- Ena žlica kvasa
- Dve veliki jajci
- Pol čajne žličke košer soli

NAVODILA:
a) Vzemite veliko skledo.
b) Dodajte suhe sestavine v skledo.
c) Vse sestavine dobro premešamo.
d) Dodajte med in kvas v skledo z dvema žlicama vročega
e) vodo.
f) Kvasno zmes postavimo na vlažno mesto.
g) V mokre sestavine dodajte olje.
h) Dodajte mešanico kvasa in jajca v zmes za piškote.
i) Nastalo zmes stresemo v cevno vrečko.
j) Na pekač oblikujemo majhne okrogle piškote in piškote spečemo.
k) Ko so piškoti pripravljeni, jih potresemo.
l) Jed je pripravljena za postrežbo.

91.grška orehova torta

SESTAVINE:
- Ena skodelica vaniljeve omake
- Pol skodelice masla
- Četrtina skodelice sladkorja
- Četrtina čajne žličke mletega kardamoma
- Skodelica moke
- Ščepec sode bikarbone,
- Eno jajce
- Skodelica narezanih mandljev
- Za glazuro
- Pol skodelice vaniljeve omake
- Pol skodelice težke smetane
- Pol skodelice masla
- Pol skodelice rjavega sladkorja
- Četrtina čajne žličke cimeta

NAVODILA:
a) Vzemite veliko skledo.
b) Dodajte testo za torto in premešajte vse sestavine.
c) Naredite maso in jo vlijte v pekač.
d) Prepričajte se, da je pekač primerno namaščen in obložen s pergamentnim papirjem.
e) Dodamo orehovo mešanico in premešamo vse sestavine.
f) Pecite torto.
g) Po končani posodi.
h) Vanilijevo in smetanovo glazuro naredite tako, da najprej stepete maslo in smetano, dokler ne postaneta puhasta.
i) Dodajte preostale sestavine in stepajte pet minut.
j) Na vrh torte dodajte vanilijevo in smetanovo glazuro.
k) Prepričajte se, da vse stranice torte prekrijete z glazuro.
l) Torto narežemo na rezine.
m) Jed je pripravljena za postrežbo.

92. grška baklava

SESTAVINE:
- Osem unč masla
- Paket filo listov
- Čajna žlička vanilijevega ekstrakta
- Pol skodelice sesekljanih oreščkov (po vaši izbiri)
- Skodelica medu
- Skodelica sladkorja
- Čajna žlička mletega cimeta
- Skodelica vode

NAVODILA:
a) Vzemite veliko skledo.
b) Vanj dodamo maslo in dobro stepemo.
c) V posodo za maslo dodajte orehe, cimet in med.
d) Sestavine dobro premešamo.
e) V skledo dodajte posušeno meto in dobro premešajte.
f) Liste fila razporedimo v pomaščen pekač.
g) Mešanico oreščkov dodajte v lističe filo in jo pokrijte z več lističi filo.
h) Baklavo pečemo približno štirideset minut.
i) V lonec dodamo sladkor in vodo ter kuhamo.
j) Baklavo odstranimo in narežemo na kose.
k) Baklavo prelijemo s sladkornim sirupom
l) Izpraznite baklavo.
m) Jed je pripravljena za postrežbo.

93.Sladka ananasova krema

SESTAVINE:
- 2 skodelici zamrznjenih koščkov ananasa
- 1 zrela banana, olupljena in zamrznjena
- ½ skodelice kokosovega mleka
- 1 žlica medu ali javorjevega sirupa (neobvezno)
- 1 čajna žlička vanilijevega ekstrakta (neobvezno)
- Rezine svežega ananasa in listi mete za okras (neobvezno)

NAVODILA:
a) Prepričajte se, da so tako zamrznjeni koščki ananasa kot zamrznjena banana pravilno zamrznjeni. Lahko jih zamrznete za nekaj ur ali čez noč.

b) V kuhinjskem robotu ali hitrem mešalniku zmešajte zamrznjen ananas, zamrznjeno banano, kokosovo mleko in med (ali javorjev sirup, če uporabljate).

c) Po želji dodajte ekstrakt vanilije za dodaten okus.

d) Vse sestavine mešajte, dokler zmes ni gladka in kremasta. Morda se boste morali ustaviti in nekajkrat postrgati po straneh, da zagotovite enakomerno mešanje.

e) Okusite lepo kremo in prilagodite sladkobo po svojih željah z dodajanjem več medu ali javorjevega sirupa, če je potrebno.

f) Ko je mešanica dobro premešana in ima gladko, sladoledno konsistenco, je pripravljena.

g) Uživate ga lahko takoj kot mehak sladoled ali ga prestavite v posodo in zamrznete za bolj čvrsto teksturo.

h) Če ga zamrzujete za bolj čvrsto teksturo, je dobro, da ga pustite stati nekaj minut na sobni temperaturi, preden ga zajemate.

i) Okrasite svojo Pineapple Nice Cream z rezinami svežega ananasa in listi mete za čudovito predstavitev (neobvezno).

j) Postrezite in uživajte v okusni in zdravi Ananasovi kremi!

94. Grška pomarančna torta

SESTAVINE:
- Skodelica pomarančnega soka
- Pol skodelice masla
- Četrtina skodelice sladkorja
- Četrt žličke mletega kardamoma
- Skodelica moke
- Ščepec sode bikarbone,
- Jajce
- Dve čajni žlički pomarančne lupinice

NAVODILA:
a) Vzemite veliko skledo.
b) Dodajte testo za torto in premešajte vse sestavine.
c) Naredite maso in jo vlijte v pekač.
d) Prepričajte se, da je pekač primerno namaščen in obložen s pergamentnim papirjem.
e) Pecite torto.
f) Po končani posodi.
g) Torto narežemo na rezine.
h) Jed je pripravljena za postrežbo.

95. Grški krofi (Loukoumades)

SESTAVINE:
- Pol skodelice masla
- Osem jajc
- Dve skodelici sladkorja
- Tri skodelice moke
- Skodelica mleka
- Jedilna žlica pecilnega praška
- Dve žlici kisle smetane
- Čajna žlička kardamomovega sladkorja
- Čajna žlička sode bikarbone
- Dve žlici medu

NAVODILA:
a) V veliki skledi zmešajte vse sestavine razen kardamomovega sladkorja in medu.
b) Iz zmesi oblikujemo na pol gosto testo.
c) Segrejte ponev polno olja.
d) S pomočjo rezalnika za krofe naredite okroglo strukturo, podobno krofom.
e) Popecite krofe.
f) Pustimo, da se krofi ohladijo.
g) Krofe pokapljajte z medom.
h) Po vseh krofih dodajte cimetov sladkor.

96. Grški puding z mlečno kremo

SESTAVINE:
- Dve skodelici polnomastnega mleka
- Dve skodelici vode
- Štiri žlice koruznega škroba
- Štiri žlice belega sladkorja
- Dva rumenjaka
- Četrtina čajne žličke cimeta v prahu

NAVODILA:
a) Vzemite veliko ponev.
b) Dodajte vodo in polnomastno mleko.
c) Tekočina naj vre pet minut.
d) V mlečno mešanico dodamo rumenjake in sladkor.
e) Vse sestavine dobro kuhajte trideset minut oziroma dokler se ne začne gostiti.
f) Nenehno mešajte.
g) Na vrh dodajte cimet v prahu.
h) Jed je pripravljena za postrežbo.

97.Pecivo z grškim mandljevim sirupom

SESTAVINE:
- Osem unč mandljevega sirupa
- Paket filo listov
- Čajna žlička posušenega muškatnega oreščka
- Pol skodelice sesekljanih oreščkov (po vaši izbiri)
- Skodelica medenega timijana
- Sedem unč masla

NAVODILA:
a) Vzemite veliko skledo.
b) Vanj dodamo maslo in dobro stepemo.
c) V skledo z maslom dodajte oreščke in mandljev sirup.
d) Sestavine dobro premešamo.
e) Liste fila razporedimo v pomaščen pekač.
f) Mešanico oreščkov dodajte v lističe filo in jo pokrijte z več lističi filo.
g) Pecivo pečemo približno štirideset minut.
h) Razstavite pecivo.
i) Po vrhu pite potresemo medeni timijan.
j) Jed je pripravljena za postrežbo.

98. Grško pecivo z mandlji

SESTAVINE:
- Pol čajne žličke paste iz stroka vanilije
- Dve skodelici in pol moke
- Pol čajne žličke pecilnega praška
- Skodelica nesoljenega masla
- Jajčni rumenjak
- Dve skodelici sladkorja v prahu
- Pol skodelice sesekljanih mandljev

NAVODILA:
a) Vzemite veliko skledo.
b) V skledo dodajte pasto iz stroka vanilije, moko, pecilni prašek, nesoljeno maslo, rumenjaka in mandlje.
c) Vse sestavine zmešamo in dodamo v pekač.
d) Zmes pečemo trideset minut.
e) Kruh izločimo in narežemo na rezine.
f) Kruh potresemo s sladkorjem v prahu.

99.Grška baklava iz cvetov pomarančevca a

SESTAVINE:
- Osem unč masla
- Paket filo listov
- Čajna žlička vanilijevega ekstrakta
- Pol skodelice sesekljanih oreščkov (po vaši izbiri)
- Skodelica medu
- Skodelica sladkorja
- Čajna žlička mlete pomaranče v prahu
- Skodelica vode

NAVODILA:
a) Vzemite veliko skledo.
b) Vanj dodamo maslo in dobro stepemo.
c) Dodajte orehe, pomarančni prah in med v skledo za maslo.
d) Sestavine dobro premešamo.
e) V skledo dodajte posušeno meto in dobro premešajte.
f) Liste fila razporedimo v pomaščen pekač.
g) Mešanico oreščkov dodajte v lističe filo in jo pokrijte z več lističi filo.
h) Baklavo pečemo približno štirideset minut.
i) V ponev dodamo sladkor in vodo ter kuhamo.
j) Baklavo izpraznimo in narežemo na kose.
k) Baklavo prelijemo s sladkornim sirupom
l) Izpraznite baklavo.
m) Jed je pripravljena za postrežbo.

100. Grška baklava z medom in rožno vodo

SESTAVINE:
- Osem unč masla
- Paket filo listov
- Čajna žlička vanilijevega ekstrakta
- Pol skodelice sesekljanih oreščkov (po vaši izbiri)
- Skodelica medu
- Skodelica sladkorja
- Čajna žlička rožne vode
- Skodelica vode

NAVODILA:
a) Vzemite veliko skledo.
b) Vanj dodamo maslo in dobro stepemo.
c) Dodajte orehe, rožno vodo in med v skledo z maslom.
d) Sestavine dobro premešamo.
e) V skledo dodajte posušeno meto in dobro premešajte.
f) Liste fila razporedimo v pomaščen pekač.
g) Mešanico oreščkov dodajte v lističe filo in jo pokrijte z več lističi filo.
h) Baklavo pečemo približno štirideset minut.
i) V lonec dodamo sladkor in vodo ter kuhamo.
j) Baklavo izpraznimo in narežemo na kose.
k) Baklavo prelijemo s sladkornim sirupom
l) Izpraznite baklavo.
m) Jed je pripravljena za postrežbo.

ZAKLJUČEK

Ko zaključujemo naše popotovanje po s soncem obsijanih straneh »Grški: vsakdanji recepti z grškimi koreninami«, upamo, da ste izkusili čare grške kuhinje v udobju svoje kuhinje. Vsak recept na teh straneh je dokaz brezčasne privlačnosti sredozemskih okusov, kjer se preprostost sreča s prefinjenostjo in vsak obrok postane praznik.

Ne glede na to, ali ste si privoščili tolažilne plasti musake, objeli svežino grških solat ali uživali v sladkosti baklave, verjamemo, da je teh 100 receptov prineslo okus Grčije v vaš dom. Morda ste poleg sestavin in tehnik začutili toplino grškega gostoljubja in veselje, ki ga prinaša delitev okusnih obrokov z najdražjimi.

Ko nadaljujete z raziskovanjem kulinaričnih bogastev Sredozemlja, naj vas "Greekish" navdahne, da svojo dnevno kuhinjo prepojite z duhom Grčije. Od oljčnih nasadov do modrega morja, naj se bistvo grške kuhinje zadržuje v vaši kuhinji in ustvarja trenutke veselja, povezanosti in okusnih odkritij. Opa, in na zdravje do neskončnih užitkov grške kuhinje!

www.ingramcontent.com/pod-product-compliance
Lightning Source LLC
Chambersburg PA
CBHW071907110526
44591CB00011B/1589